庆祝 中华全国总工会 成立100周年
天 津 总 工 会

天津 大国工匠

成长故事

TRIUMPHS IN WORKERS: THE GROWTH STORIES OF
TIANJIN'S NATIONAL-LEVEL MASTER ARTISANS

天津市总工会　编著

天津出版传媒集团

天津人民出版社

图书在版编目（CIP）数据

天津：大国工匠成长故事 / 天津市总工会编著 .
天津：天津人民出版社，2025.4. -- ISBN 978-7-201
-20763-6

Ⅰ . K820.821

中国国家版本馆 CIP 数据核字第 2024QS3423 号

天津·大国工匠成长故事
TIANJIN DAGUO GONGJIANG CHENGZHANG GUSHI

出　　版	天津人民出版社
出 版 人	刘锦泉
地　　址	天津市和平区西康路 35 号康岳大厦
邮政编码	300051
邮购电话	（022）23332469
电子信箱	reader@tjrmcbs.com

总 策 划	高坤山
策　　划	刘锦泉　沈海涛
责任编辑	王　玓　李佩俊
装帧设计	王　烨

印　　刷	天津市银博印刷集团有限公司
经　　销	新华书店
开　　本	880 毫米 ×1230 毫米　1/32
印　　张	6
字　　数	120 千字
版次印次	2025 年 4 月第 1 版　2025 年 4 月第 1 次印刷
定　　价	69.80 元

编　委　会

序 言

应邀为《天津·大国工匠成长故事》作序，我深以为幸。

书中记述了天津市五位"大国工匠"的成长历程。他们是中国"深海钳工"第一人管延安、"深海宇航员"韩超、用生命为国铸"箭"的崔蕴、"测量技能专家"陈兆海、港口智慧变革的"弄潮儿"成卫东。读完他们的故事，我心潮澎湃，久久难以平复。这些同志尽管行业不同、岗位不一、经历各异，但他们都数十年如一日，用灵巧的双手和精湛的技艺，在平凡的岗位上雕琢着心中的梦想，以实际行动践行着劳模精神、劳动精神、工匠精神，用拼搏奋斗创造了一个又一个中国奇迹。共和国的工业发展史册上镌刻着他们的荣光。

习近平总书记指出："劳模精神、劳动精神、工匠精神是以爱国主义为核心的民族精神和以改革创新为核心的时代精神的生动体现，是鼓舞全党全国各族人民风雨无阻、勇敢前进的强大精神动力。"我理解，践行"执着专注、精益求精、一丝不苟、追求卓越"的工匠精神，就是要用我们的良心和责任心，把本职工作精益求精地干到极致。只要肯钻研就一定有收获，只要下功夫就一定能精湛，只要有难题就一定要创新，只要去追求就一定会卓越。你出一把力，我出一把力，企业就会有活力；你解决一个问题，我解决一个问题，企业就不会有大问题。这样才能让我们的国家由"中国制造"迈向"中国创造"、从"世界工厂"成为"智造强国"。

技能人才是支撑中国制造、中国创造的重要力量。党的十八大以来，习近平总书记多次深刻阐明高技能人才队伍建设的重大意义和目标方向。党中央深入实施人才强国战略，作出新时期产业工人队伍建设改革、加强新时代高技能人才队伍建设等一系列决策部署，党的二十大报告首次将"大国工匠"、高技能人才纳入国家战略人才力量。在全面推进中国式现代化的进程中，"大国工匠"和高技能人才的作用愈发凸显、更为重要。"要树立工匠精神，把第一线的大国工匠一批一批培养出来。这是顶梁柱，没有金刚钻，揽不了瓷器活。"习近平总书记的殷殷话语，彰显了爱才重才的深厚情怀；切切嘱托，饱含着对"大国工匠"和高技能人才助推经济社会发展的殷切期待。

将劳模精神、劳动精神、工匠精神传承下去，激励带动更多劳动者特别是青年人走技能成才、技能报国之路，是每一名劳动模范、工匠人才的使命、责任和担当。让我们牢记习近平总书记的谆谆教导、殷殷嘱托，勤学苦练、深入钻研，勇于创新、敢为人先，不断提高技术技能水平，争做技术能手，争当"大国工匠"，为推动高质量发展、实施制造强国战略、全面建设社会主义现代化国家贡献智慧和力量。

孔祥瑞

2024 年 6 月

CONTENTS

目 录 ▶▶▶

管延安

| 开篇语 |

　　成功没有捷径，就是在平凡的工作中，反复地研究、实践，不断总结、提升，把每一项工作做好。做工作时间越长，越发现自己的技术不够用，越想多学习。我就是一名普通的钳工，我愿意在这个岗位上，永远干下去，作为自己一生的事业热爱它。

管延安

| 人物简介 |

　　管延安，男，1977年6月生，中共党员，钳工特级技师，现任中交一航局第二工程有限公司总技师。曾获得全国劳动模范、全国技术能手、全国职工职业道德建设标兵个人、中国质量工匠、"全国最美职工""齐鲁最美职工""津门工匠"等荣誉称号，入选"中国好人榜"。中央电视台首批宣传的八名"大国工匠"之一。

▶ 小工种，大事业

——记中交一航局第二工程有限公司总技师管延安

管延安的工匠精神故事，是一部坚持、精细和创新的传奇。以 60 万颗螺丝零失误，创造了中国奇迹，成为中国"深海钳工"第一人。这位技艺高超的钳工，以其对工作的热爱和技艺的执着追求，展现了新时代"大国工匠"的精神风貌。

一、脚踏实地成就一路繁华

当我们打开《一航精神谱系》一书时，会完全沉浸在震撼和敬仰的状态中。从修复新中国首座万吨级港口塘沽新港，到建成港珠澳大桥，这是从 1951 年到 2016 年半个多世纪的跨越，是年轮下的岁月，是奋进中的坚韧。在茫茫的大海上，在苍凉的大漠里，在荒无人烟的森林深处，在每一个需要建设的地方，都能看见拼搏奋战的一航人，创造了一个又一个的不可能。我们从谱系里寻找到了答案："战风斗浪、艰苦奋斗"的创业精神，"四海为家、流动光荣"的奉献精神，"宁让汗水漂起船、不让工期拖一天"的大建港精神，"风沙洗日月、烈火镀金身"的毛塔精神，"同台竞技争第一"的竞优精神，"特别能战斗、特别能吃苦、特别能奉献"的拼搏精神，"一个都不能少"的利比亚撤侨精神，"逢山开路、遇水架桥"的港珠澳精神，"开路先锋、绿色共享"的蒙内精神。这些精神如擎天火炬照亮前行之路，照进一航人的心里，激荡豪情万丈，将奋斗史融入人生长路。

在中交一航局第二工程有限公司（以下简称二公司）有一位"默默无闻"的钳工，他叫管延安，现在是公司里的总技师，大家都称他是"最美钳工"。他从普通工人成长为"大国工匠"，华丽转身的背后，是一路走来的拼搏和付出，他的成长历程已经成为激励年轻员工的"教科书"。

管延安个子不高，硬朗、干练，消瘦的脸庞，大大的眼睛，那

双眼睛很有气势，仿佛能够看透每个问题的本质。他是一个不会讲故事的人，或者说是一个不会表达自己的人。与他聊天很"费劲儿"，不仅因为他操着方言，关键是在他的眼里，一切都是应该干的，没啥可说的。也许，他不习惯这种交流的环境，他喜欢的是在旷野有嚼头的、有挑战的工作环境和工作任务吧。在恶劣环境下工作时间长了，已司空见惯、习以为常了。其实，那是常人无法想象和坚持的。

刚刚走出农村时，他曾经发誓一定要不怕苦，要学习一门手艺，让父母过上好生活。可每天工作十多个小时，让年纪轻轻的管延安有些吃不消，繁重的体力劳动让他萌生退意，可想到父母"面朝黄土背朝天"的辛苦，他总是在夜里偷偷流泪，咬牙坚持。有时几个月不能回家，那种思乡的惆怅，也在他内心翻滚。

　　一个偶然的机会，面对机械设备，他产生了好奇，设备运转能发电，设备运转能抽水，他发现自己对机械维护、设备安装等工作，有着与生俱来的亲切感，愿意下功夫学习，学得好手艺。哪怕是简单的活儿，他也要比别人多花费些时间，力争把工作干到最好。

　　学徒期间，他虽然还不太懂"干一行，爱一行，钻一行"的深刻含义，但是他工作之余勤学苦练，遇到不懂的就请教，或者翻书查找资料，从书中查找答案。有一次在设备检测时，师父带着他做涡轮的内构检查，师父做一步，解说一步。可他还是听不懂。由于赶工期，师父没有让他操作，他看着都迷糊。在一个休息日，他跑遍了城里大大小小的书店，直到太阳偏西，他才满怀喜悦地攥着《涡轮原理与工艺》返回驻地。师父找不到他，怕出意外。当看见他手里的书，满心的怨气都消了。从此，师徒关系正式建立，他也在一遍遍地操作中，从失败走向成功。他也感悟到上学的重要性。自己只有初中文凭，在查看图纸等方面都受限，他咬紧牙关，到晚上夜读，补习专业知识。

　　那是他刚跟师父学了半年电机维修时，在维修大型发电机时出现常见故障，他立马上手维修，维修后他胸有成竹，便没有复查，结果发电机时刚装上又烧坏了，师父看到后立即明白了怎么回事，但念在他是初犯，并没有责罚。而师父的不责罚并没有减轻管延安的羞愧。他明白了一个道理，不能"一瓶子不满，半瓶子晃荡"，不能自以为是，不能仅凭着感觉来。自此，他下定决心，此类的错

小工种，大事业 ◀
——记中交一航局第二工程有限公司总技师管延安

2019 年 10 月，管延安（右）在大连湾海底隧道检修"津安·2"船舶机舱内设备

误绝不再犯。他知道只要他再检查一次，就不会发生这样的事故。此后，所有经过他维修的机械在送走之前，他都会检查至少 3 遍，至今如此。

管延安常说："工人，可以没文凭，但不能不学习。"18 岁就开始跟着师父学习钳工，20 多年来从未停下学习的脚步。多年的勤学苦练和对工作的专注，使心灵手巧的他不但精通錾、削、钻、铰、攻、套、铆、磨、矫正、弯形等各门钳工工艺，而且对电器安装调试、设备维修也是得心应手。

管延安说得最多的是对企业的那份热爱和感恩。他说："对于

2019 年 9 月，管延安在大连湾海底隧道检修沉管内部压载泵

技能工人来说，成功没有秘诀，就是脚踏实地地一步一步往前走，尤其是像我这种机修钳工，就是做好设备的维修、保养、检测、使用、安装、调试。"管延安在工作上的成长进步，与他不懈的努力是分不开的，他感恩企业，如果没有钳工这个工作也就没有他们家今天的样子。他把对企业的那份爱，融入工作中，处处细心，又好钻研，无论哪个工程项目，他都十分谨慎，生怕给企业造成损失。他说，我只有把钳工这个小工种干好，才是对企业最好的回报。他把更多的时间给了企业这个"大家"，深深将那份坚守

熔铸在工程项目的建设中，兑现着自己的诺言。

二、家庭理解给予莫大支持

　　管延安出生在山东省潍坊市诸城市林家镇贤河村一个普通的农村家庭，他有四个姐姐，自己是最小的。父母对于这个儿子十分疼爱。家庭人口多，就意味着嘴巴多。不太爱说话的父亲，忙完自己的庄稼地，就去当瓦工，给别人家盖房子，贴补家用。小时候的管延安虽然是家里人最疼爱的，但是他很独立，从小就知道父母的艰辛。姐姐们相继参加了劳动，就是为了让管延安能够静下心来好好读书。然而，管延安并没有像大家期盼的那样，继续走上学之路，他不想让父母为了他日夜奔忙。1995年初中毕业后，他跟着亲戚到青岛当学徒，开始接触钳工行业。

　　管延安的父母都是朴实的农民，很好地教会了他做人的道理。他说父亲最常说的就是"要不怕吃苦，脚踏实地"。他用粗糙的双手谨遵父亲的教诲。家里人的支持和理解给予了管延安莫大的信心，也让他全身心地投入每一个项目。

　　管延安是在家里反复催促下才结婚的。妻子是一名质检员，也是从农村走出来的苦孩子。在他的眼里，妻子为人爽快，办啥事都不藏着掖着。管延安对自己的妻子说得最多的是"你辛苦了"。妻子也是那种实在人，根本不需要管延安用甜言蜜语来哄，在生活中直来直去，不善言谈。

　　在面对面与管延安交流的时候，问起他妻子喜欢吃什么水果时，他笑着说："香蕉、苹果、橘子。"他说得斩钉截铁，好像对自己的妻子十分了解。没承想，他接着说："这些水果，大家都喜欢吃。"原来，他并不了解妻子喜欢什么水果，只是脱口而出。接下来的话，更让人感到不可思议。他皱着眉头继续说："妻子想吃榴梿。"眼前的这个看着有些木讷的汉子，他心里其实一直装着自己的妻子。

"喜欢吃就买呗。"

管延安浅笑着说："到现在也没有买过，没吃过。"

"为什么？"

"榴梿有点贵，舍不得。"管延安眼睛里是澄澈的，他说得坦然。

谁也没有想到，榴梿是稍微贵点，可不曾买过，他想必是懂得"穷人的孩子早当家"的道理，其实以他现在的收入，吃水果应当不成问题。

采访到这里，能够感受到，他是一个节俭的人，也是一个实在的人，但绝对不是一个浪漫的男人。

"你们结婚纪念日或者是妻子的生日，你买过礼物吗？"我好奇这对夫妻的日常相处。

"没有，一次也没有。"管延安说得平淡。

由于妻子陪着家人在青岛生活，不能面对面询问她对这件事的看法。管延安竟然不问自答："我老婆不在意这些，她喜欢攒钱。养老人，培养孩子都要用钱。她舍不得花。也没有埋怨过我。"

　　一个家庭是需要经营的，在管延安夫妻的认知里，不需要大富大贵，呵护家庭最重要。这种品格的养成与他们从小的生活环境有关。

　　"难道你妻子就没有埋怨过你吗？说实话。"他慢条斯理地讲了一个故事。顿时，我觉得管延安是一个有故事的人，也是一个以工作为主、生活简单的人。

　　那时他在野外工作，三十二天没有回家，夜晚的灯火明亮，天上的星星眨着眼睛，他坐在海边的岩石上，忽然急促的电话铃声响起，是妻子的电话。他一句话没有说，耐心地听着。因为他

2015 年 8 月，管延安在港珠澳大桥沉管内安装电动蝶阀设备

不知道如何来回答。妻子在电话那头发牢骚。上小学三年级的儿子被老师叫了家长，学习成绩排到了倒数。老师的训斥，让她无处发泄，一股脑抛给了管延安。

第二天，妻子再次打来电话，主动承认错误，说前一天不应该对他发脾气。这是何等的"巾帼"。管延安说，妻子就是这样"有脾气"的人，由于工作繁忙，自己回家次数少，妻子不是特别矫情。理解恐怕是这个家庭维系的"法宝"。

管延安心里清楚，自己对于妻儿是亏欠的。妻子临产，他匆

2016 年 4 月，管延安（左）在港珠澳大桥沉管内进行电动蝶阀驱动头安装、调试

匆从工地赶到医院，可就在儿子刚刚出生的第二天，管延安已经坐立不安，工地施工出现了技术问题，一遍又一遍的电话，让他急躁。他只是说了一句：工地有点事，要马上回去。扭头就离开了医院。病床上的妻子，并没有埋怨，这是一个坚强的女人。她能够理解自己的丈夫。用她自己的话说，施工现场是他的家。这句话重似千斤，是一个女人对自己丈夫的爱，对这个家庭的爱。这是一种无私的爱。虽然她不善表达，但是她懂，爱管延安就要爱他的一切，包括他的工作，包括他的顾不上家。妻子是管延安最大的支持者，他有着这个世界上难得的好妻子。

说起儿子，管延安很久没有言语，低着头，像一个犯了错的孩子，和施工现场的他判若两人。他依稀记得，儿子三岁多的时候，那次要返回工地，儿子用稚嫩的小手抱着管延安的大腿，嘴里不住地说："别走，别走。"孩子的话语融化了他的心，那种难舍是不可名状的。管延安就一动不动，站在那儿，酸楚、痛苦，好像看到了小时候的自己。父亲也是披星戴月，早出晚归，挣钱养家。他总是看到父亲的背影。父亲没有陪他做过一次游戏。他曾经立志一定好好培养孩子，可如今，当初的誓言也只是一句空话。妻子每次都是严厉地将孩子拉开，催促管延安赶紧走。每一次的难舍，每一次的分别，终归是为了自己不舍的工作，不舍的事业。

孩子现在已经是山东省交通职业技术学院大三的学生。他所认识的父亲，就是一个经常在外漂泊的人。

电话采访他时，他稍有迟疑。磁性的声音，能够感受到那是一个阳光大男孩。他说，父亲经常不着家，全家人都习惯了。对于父亲取得的荣誉，他说，那是了不起的父亲，自己也会努力，不会让父亲失望的。

管延安没有听到这几句话，但是他能够感受到，儿子长大了。虽然父亲不是一直在他身边，但说没有影响那是不现实的。父亲就像是灯塔，照亮前方的路，指引方向。儿子对未来是有规划的。

如今，已经是大学生的儿子十分懂事，除了机电一体化专业的学习，他还选修了管理学的课程。他知道自己的父亲在知识上吃了亏，当时没有如今好的学习环境。他渐渐懂得了自己的父亲。知识改变命运。但是，他不理解的是父亲的那种工作状态，饱满、钻研、不服输，始终保持一种亢奋的状态。

他说，他的未来是和父亲不一样的，他对未来充满期待。他也有自己的一个想法，等父亲退休了，让他带着母亲去看看外面的世界。因为，父母两个人几乎很少一起外出旅游。

长期在外工作的管延安也想家，可是他却说："参与国家工程，是自己抛家舍业的初衷，也是甘受寂寞的精神支撑，更是他铭记终生的荣誉。"

管延安是全家人的骄傲，也是一航局的骄傲，在他的人生道路上洒下的是汗水，收获的是今天和明天。

2016 年 11 月，管延安（左一）和工友在港珠澳大桥桂山岛深坞区开始一天的工作

三、小螺丝成就深海工程

港珠澳大桥建设对全面推进内地、香港、澳门互利合作具有重大意义，推进粤港澳大湾区建设是习近平总书记亲自谋划、亲自部署、亲自推动的重大国家战略。港珠澳大桥的建设将香港、澳门和珠海三地更加紧密地联系在一起，加速了区域经济的融合和发展，是中国实力的展示。它向世界证明了中国在复杂工程项目中的设计、建造和管理能力，提升了中国的国际形象和影响力。对香港、澳门特别行政区的长期繁荣稳定具有重要意义。

港珠澳大桥是我国继三峡工程、青藏铁路、南水北调、西气东输、京沪高铁之后又一重大基础设施项目，东连香港、西接珠海、澳门，是集桥、岛、隧于一体的超大型跨海通道。出于生态保护和避让空中及海上航线的需要，大桥两端是桥体，中间用两座人工岛和一条 5.6 公里的海底隧道（由 33 节沉管对接而成）连接。岛隧工程作为大桥的控制性工程，是我国首条外海沉管隧道，也是目前世界上最长公路沉管隧道。工程严格采用世界最高标准，设计、施工难度和挑战都可谓工程行业的一座珠峰，因而被誉为"超级工程"，标志着中国正从桥梁建设大国走向桥梁建设强国。

大桥工程全部投资约为 1100 亿元人民币，是目前世界跨海大桥投资最大的工程。在 2014 年《工程新闻记录》（*Engineering News-Record，ENR*）全球承包商 250 强名单中，位列第四的中国交通建设股份有限公司承建的岛隧工程是大桥工程的施工控制性工程，由沉管隧道及东西人工岛三大部分组成，其中沉管隧道部分是目前世界上综合难度最大的沉管隧道之一。有权威专家形容，港珠澳大桥海底沉管的沉放对接，甚至比"嫦娥"和"天宫"对接的难度还要大。承担这项顶级任务的正是以中国驰名商标"浇注明天"享誉全国的中央驻青企业——二公司。

一个前所未有的波澜壮阔的时代，必将造就英雄和榜样。一项注定要载入史册的超级工程，必将孕育先锋和楷模。港珠澳大桥的成功是奋斗与科技的结合。然而其中有一种令人惊叹的"匠人精神"——广为人知的"零缝隙的奇迹"成为此项工程中令人称道之处，而所有这一切都与一位普通的劳动者——管延安有关。

这次艰巨而光荣的任务，让他经历了前所未有的历练，塑造了这位中国"深海钳工"第一人，用零失误创造世界奇迹。

2013年，管延安受命前往珠海牛头岛，带领团队参与建设港珠澳大桥岛隧工程。该桥被英国《卫报》评为"新世界七大奇迹"之一，集桥梁、隧道和人工岛于一体，采用世界最高标准，设计、施工难度和面临的挑战，均为世界之最，因此也被誉为"超级工程"、桥梁界的"珠穆朗玛峰"。

长达5.6公里的外海沉管隧道，由33节巨型沉管连接而成。在最深40米的海底实现厘米级精准对接，在业内人士看来，这是一项难度系数超大的挑战性工程。

而管延安和他的团队，主要负责沉管舾装和管内压载水系统等相关作业。虽然此前已经参与过前湾港、青岛北海船厂等大型工程建设，有着丰富的工程建设经验，但是面对港珠澳大桥所采用的大量高科技、新工艺，以及120年使用寿命的高质量要求，管延安还是从零开始，虚心学习，经历了大大小小的挫折和难题，边实践、边破解、边改进，每一天都是饱满的、紧张的、充实的。

他曾语重心长地对团队的每一个队员说，任务艰巨，说明公司是信任大家的，我们不仅仅是来工作的，也是来创造的。为了确保大家都能全力以赴，管延安还给每个队员的家属打去电话，说明这项任务的重要性，争取更多的关心和理解，家属的每一句问候都是甜蜜的。他和自己的妻子通电话，妻子的话让他吃了定心丸：家里的事放心，你在岗位上干好就行。他内心顿时充满了强大的力量。他暗下决心，这项工程无论遇到多大的困难，一定要完成。

刚到港珠澳大桥海底隧道施工时，满怀信心的他，还是遭遇了一次压力不小的打击。

刚刚来到岛隧工地，管延安就与航修队的同事们投入第一节沉管的安装作业中，压载水系统、通信系统、监控系统……100多条主线、1000多条支线，错综复杂的管线从沉管里接通到大型专业安装船舶"津安·3"指挥舱控制中心。"这些管线就像连接大脑和身体各部位的神经，每一个接点都必须连接到位，每一条线路都必须保证通畅。如果在沉放时任何一条线出现问题，沉管就不可能完成精准对接。"他非常清楚自己肩负的工作有多么重要。

他深刻地认识到，光有信心还远远不够，这是对自

2013年7月，管延安在港珠澳大桥沉管内进行压载水管系打压试验

己的一次全新挑战，技术上必须做到精益求精。借着宿舍靠近设备仓库的优势，他从早到晚练习，平常半个小时就能安好的设备，他甚至用四五个小时，慢慢磨，慢慢"泡"。他内心有根弦："对待错误，最大的容忍就是犯一次。"

施工环境十分艰苦，作业地面温度40摄氏度左右，海上强烈的紫外线照射，每个人都是汗如雨下，身体的疲惫超出了往常。海风里带着盐分，暴晒的裸露皮肤很快就蜕皮了，有时钻心地疼，但是管延安始终乐乐呵呵。大家都以他为榜样，不仅仅是工作强度的克服，关键是技术的过硬。"这个阀已经安装好了，可是为了不留一丝缝隙，还要拆下来重安。"就是在这样的工作环境下，他前前后后安装、拆卸、再安装了三次。就是这种近乎"魔怔"的执着精神，让每一道工序都井然有序，进展顺利。

在同管师傅的聊天中，得知他所安装的设备中有一种叫截止阀，沉管对接时，它的作用是控制入水量、调节下沉速度，从而让两节沉管在深海中精准对接。同样是安装阀门、拧螺丝，如果是普通设备，只需要牢固稳定就行了，但在深海中操作，要做到设备不渗水、不漏水，安装接缝处的间隙必须小于1毫米。

采访中，管延安经常说："对于精致的工作，必须用心，动脑筋，反复实验，做精准，才能让自己心安、满意。"也许这句话，已经陪伴了他二十多年。一句诺言，他在用一生来丈量。

有一件事，让管延安记忆深刻，他经常当成反面教材，引起大家的重视，也从点滴抓起，让管理与施工同时达到精细化。

2014 年 7 月，管延安在港珠澳大桥进行截止阀解体维修

　　那是首节沉管安装后不久，项目总经理来到航修队维修基地，看见工人师傅们正在专心清理蝶阀里面的法兰盘，指着两排摆放得整整齐齐的蝶阀问管延安："这些盘怎么分成两排摆放？"管延安说："前面的这些都是保养过的；后面的那些经检查有一些隐患，已经被淘汰不能使用。"

　　总经理一下发现了风险：蝶阀要重复使用，经过保养的和不能使用的没有标签进行区分。"在紧急情况下会不会有不熟悉情况的工人混拿、混用？"总经理一针见血提出的问题让管延安猛然意识到，现场设备管理还存在漏洞，一旦将不能用的蝶阀用在施工中，将会出现很大的问题，甚至影响到整个进度。

百密一疏。管延安自责的同时，马上组织库房管理的细节处置。每一件设备都进行编号管理，每一个蝶阀都标明使用次数；将设备分类建立台账，细化领取环节的实名制登记制度。

"一丝不苟，不让隐患出坞门"成为警示提醒语，醒目地立在航修队维修基地，时时刻刻警示大家，设备维修、管理都要做到100%，绝对不能有侥幸之心。

同事们对管延安的一致评价是：专注，做什么事情他都静得下心来。每次沉管安装完成后，压载水系统的电动蝶阀都要从沉管里面拆回牛头岛，经过维修、检测后方能重复使用。法兰盘是蝶阀的关键部件，每次维修管延安都亲自动手。铺开耐水砂纸，倒上研磨油，随着手臂不急不缓地摆动，一个直径二十多厘米的金属盘在砂纸上均匀地画着圈。磨一会儿，用手摸一摸盘面，再次重复，直到满意为止。"最难的地方就是研磨这个阀口，上下两个阀口，一个动面一个静面，都需要研磨得严丝合缝才能不漏不渗。不能有误差，必须是零卡零的。"管延安边磨边向徒弟讲解要领。十分钟，二十分钟，半个小时过去了，他仍然不紧不慢一圈一圈地研磨着，原来锈迹斑斑的法兰盘变得光滑锃亮，管延安沿着盘边摸了一圈，均匀地打上黄油，细心地装配到电动蝶阀上。

在管延安的内心世界里，工作的精度和准确度必须严格把控，毫米之间就是一种对职业的敬畏。

在安装沉管阀门螺丝的练习时，他将每次练习都当作真正的安装。如果在陆地作业，只要拧紧螺丝就够了，但要在深海中完成两节沉管的精准对接，确保隧道不渗水不漏水，沉管接缝处的间隙必须小于1毫米。

这1毫米的间隙，根本无法用肉眼判断。可管延安硬是通过一次次的拆卸和练习，凭着手感，创下了零缝隙的奇迹。为了找到这种感觉，他拧螺丝时几乎从不戴手套，因为一旦隔着一层布，手感就没了。经过数以万计次地重复磨炼，管延安练就了一项骄人的高精准绝技——左右手拧螺丝均能实现误差不超过1毫米。

在一次次的操作中，他甚至还练就了"听感"，通过敲击螺丝，从金属碰撞发出的声音，判断装配是否合乎标准。在他的听觉中，不一样的安装，会发出不一样的声音，这完全是凭经验慢慢摸索出来的。

三个多月时间，管延安和同事们日夜奋战，布设管线、安装设备、整合系统，一遍又一遍地调试。2013年5月7日，港珠澳大桥海底隧道首节沉管顺利安装成功，圆满实现了"深海初吻"，管延安和航修队的同事们交上了一份漂亮的答卷。

第15节沉管第三次浮运安装期间，管内压载水系统突发故障，水箱不能进水，沉管安装只能暂停，必须安排人员进入半浮在海中的沉管内维修。浮在水上的沉管犹如一个巨大的混凝土箱子，除了一个直径1米多点的人孔，没有其他的换气通道，空气湿度在 95% 以上，里面又闷又湿。只要进入里面，不要说作业，就是站立一会儿，身上的汗水就会渗出来黏在皮肤上，好像在身上裹了一层看不见的膜，非常难受。

危急时刻，管延安带领班组人员快速开启人孔盖板进行检修，不一会儿，发梢上的汗珠就沿着管延安的脸往下流，身上的工作服很快就湿透了，他顾不得擦去汗水，专注地进行检修。昏暗的沉管里，绑在安全帽上的头灯发出白色的光柱，稳稳地投射在绿色的蝶阀上。从打开密封的

2014 年 10 月，管延安在港珠澳大桥即将通过人孔进入沉管内进行设备安装

人孔盖板进入管内检修、排除故障，到完成人孔盖板密封，全程不超过3小时，效率之高令人惊讶。"这都得益于之前无数次的演练，我们在每节沉管沉放前都要做至少3次演练。这是第15节沉管，至少完成了45次演练，我记得远远不止。"管延安回忆道。

别问最后他们怎么挺过来的，因为他们自己也很难说清。在那最难熬的日子里，他们不过是硬撑一口气，说什么也不肯松懈。

除了无数次的演练，管延安常跟年轻同事说得最多的就是"反复检查"。同班组的小张说，管师傅上个螺丝都要检查三遍。这种看似麻烦的习惯，保证了经管延安亲手检修过的机器没有问题，让他胜任了海底隧道沉管舾装任务。

管延安说，自己并非生来就是技术超群的钳工，能够有这样的技术水平，靠的是"笨功夫"。不厌其烦地重复检查、重复练习，管延安快速准确地完成了看似微不足道但又举足轻重的工作。这就是他对工作的态度，这就是他对工作的痴迷，这就是管延安这个人的本色。

四、攻坚克难成就大连湾隧道

管延安的工作始终处于饱和状态，总是从一个战场转战到另一个战场。来到大连湾隧道工程，他丝毫没有放松，依然严苛地工作，因为他深知此项工程的重大意义，始终一马当先，与团队一同破解难题。

大连湾隧道工程是辽宁省大连市境内的一条重要跨海通道，它是中国北方地区首条大型跨海沉管隧道，于 2017 年 3 月 30 日开工建设，经过 5 年的建设，于 2022 年 9 月 29 日全线贯通，并于 2023 年 5 月 1 日正式通车运营。隧道全长 5.1 公里。大连湾海底隧道是以 PPP 模式实施的重大民生工程，是继港珠澳大桥之后又一项技术条件复杂、环保要求高的跨海交通集群工程，该工程最终接头位于沉管段与暗埋段之间，是海上沉管段与陆上现浇段的过渡结构，该工程也是为破解大连 C 字形空间结构所形成的交通瓶颈而以 PPP 模式建造的辽宁省重大工程项目，为大连新增了一条纵贯南北连接"一核"和"一极"的快速通道，对解决中心城区南北方向交通不畅问题，推动钻石港湾和两岸一体化发展具有十分重大的意义。

管延安始终坚信："困难是用来克服的。"在大连湾隧道，安装压载水泵及管系依旧是一次舾装施工的关键工序。而管节里作业空间极其狭小，大型作业工具根本无法进入，管延安打破常规，按照工程量，分配人员轮流施工，攻克了不能长时间作业带来的困扰。

他们面对的另一个困难是冬季施工问题。这是我国首次在寒冷条件下建设的隧道工程，隧道沉管 18 节，每节 180 米，均面临着气候、水域以及地质等多重因素的制约。大连的室外温度接近零下 20 摄氏度，而混凝土在浇筑后内部温度可达 55 摄氏度，内外温差高达 75 摄氏度，这种极端条件下，如果沉管养护不到位，很容易因为表面急速降温、内部温度过高而产生裂缝。

面对现实的问题，管延安团队和其他团队共同研究策略，反复推演，把试验从室内搬到室外，终于找到了一条创新方法。在沉管预制方面，大连湾专门建造了干坞场地，采用机制砂预制沉管，并经过多次试验，找到了最适合寒冷地区的混凝土配比。为了保证沉管的整体性，采用了全断面整体一次浇注成型工艺，有效减少了裂缝的产生。在沉管接头方面，创新性采用顶进节段法，即在沉管外部增加一个套筒，在对接时用千斤顶将沉管从套筒内顶出。这种方法不仅保障了精度，还大大减少了漏水的风险。此外还在对接成功后使用了两道止水装置，包括伸缩水袋和注浆止水带，为沉管两端的端封门密封性定制了双保险。沉管对接的创新做法，也为冬季海洋施工提供了实践案例，丰富了典型施工的经验资源。

五、技术创新成为驱动发展的新活力

《孙子兵法》里有一句："知己知彼，百战不殆。"这句话一样适用于人与设备，管延安早就练出了一双火眼金睛，一件设备摆在面前，通过参数和使用频率便能分辨出可利用的程度。熟悉设备原理，熟悉设备与设备的属性，故而面对难题出现时才能极有把握地做出大胆改变和尝试。

2010年的一天，管延安接受一项检修国外远洋船的任务，说

小工种，大事业 ●
——记中交一航局第二工程有限公司总技师管延安

是冷凝器坏了。船舶冷凝器的主要作用是将船舶主机系统运行产生的热量散发出去，保证船舶正常运行。这艘国外生产的船舶与管延安平时维修的船舶完全不同，这给维修工作带来了阻碍，国外的设备造型"稀奇古怪"，管延安初步判断，设备原理是一样的，他凭借着平时的经验以及多次课题研发积累的创新理论，带领同事们检查冷凝器，最后发现是冷凝器上的冷凝管泄露，但是冷凝管数量很多，想要找出是哪根冷凝管发生泄漏并不容易。管延安采取堵住一侧，另一侧打压，分段排查的办法，发现了泄漏点，更换新的冷凝管，解决了问题。与此同时，他又对船舶其他设备进行了排查，确保船舶正常运行。管延安就是凭借精湛的技艺，出色完成了任务，得到了远洋船长的赞誉。

在长期的工作中，管延安养成了一个习惯：给每台修过的机器、每个修过的零件做记录，将每个细节详细记录在施工日志本上，遇到任何情况都会"记录在案"，里面不但有文字还有自创的"图解"。在港珠澳大桥建设期间，他同样制作了"图解档案"，其中的几本，还被收录进了港珠澳大桥沉管预制博物馆。

在港珠澳大桥建设中，"津平1"是世界上最大的外海抛石整平船，对四条90米高的桩腿进行润滑保养，一直是操作工人解决不了的难题。管延安带领同事们和技术人员攻关研讨，提出了自主研发润滑加油装置的思路，在船上攻关1个多月，成功研制出了"桩腿齿轮喷淋加油润滑装置"。这是一项涵盖了设备制造、技术创新和船机改造等不同业务的创新成果，制造总成本不到3

万元，比最初引进德国进口设备的方案，节省资金240多万元。

港珠澳大桥建成通车后，管延安回到了中交一航局第二工程有限公司。尽管已经是公司的总技师，但管延安仍然忙碌在生产一线，平时最喜欢听的仍是机械加工和锤子敲击的声音。20多年的钳工生涯，他已把这当成了事业，并乐此不疲。"宝剑锋自磨砺出"，他觉得只有扎根于一线，不断精益求精，技艺才能臻于至善。

管延安至今都忘不了，港珠澳大桥通车时，习近平总书记在接见包括他在内的建设者时说："希望你们重整行装再出发，继续攀登新的高峰。"他把总书记的殷切希望，当作自己不断进取的动力。"作为一名党员，决不能在荣誉面前止步不前，我将不忘初心、砥砺前行。"管延安说，他将随时听从派遣，到祖国建设最需要的地方去，坚守并传承工匠精神，把新时代产业工人的名片擦亮。

当时的港珠澳大桥管理局副局长余烈曾这样评价管延安："他经手的每个螺钉紧固、设施测试都安全可靠，这种作风是'工匠精神'的具体体现，也正是这种精神，成就了港珠澳大桥这一世纪工程的高品质。"

虽然是一线工人，但作为"大国工匠管延安创新工作室"的领头人，管延安努力在技术创新上做贡献，与工作室成员一同从事沉管、船舶研究。他们都是港珠澳大桥的参建者，结合积累的经验，不断实施技术创新和业务技能提升，把研究成果应用于"为国建桥"的实践中。工作室创新方向锁定在船机修造和跨海通道两个领域，先后被山东省、天津市和中交集团命名。截至 2023 年底，工作室已经取得专利 30 余项，1 人享受国务院政府特殊津贴，1 人获"全国技术能手"称号，1 人获"山东省职工创新能手"称号，3 人次获"青岛（大）工匠"称号。

2020 年 3 月 23 日，央视《新闻联播》对深中通道项目和我国自主研发的世界首艘自航式沉管运输安装一体船完成轻载实验进行报道，而这艘被命名为"一航津安 1"的一体船，以及与之配套的整平、供料船——"一航津平 2"和"一航津供 1"的研发与监造，管延安团队深度介入，特别是 3 名年轻骨干作为研发和监造主力，更是全过程参与了国之重器的打造。

六、师带徒是最好的传承

管延安习惯给每台修过的机器、每个修过的零件做笔记，会将每个细节详细记录在"日志本"上，闲暇时，他会拿出来翻看学习，遇到什么情况，他都会"记录在案"。从入行到现在，他已记了厚厚四大本。这些"文物"里，除了文字还有他自创的"图解"。如今他也将这个习惯教授给徒弟。

指导新人时，管延安常挂在嘴边的就是"再检查一遍"，强调最多的就是"反复检查"。"师父上个螺丝都要检查三遍。"徒弟小张说。这种精益求精的精神，保证了经管延安手检修过的机器不出问题，确保参建的每一项工程都安全可靠。

2015 年 12 月，管延安（右）在港珠澳大桥给徒弟讲解设备维修要点

小工种，大事业 ◀
——记中交一航局第二工程有限公司总技师管延安

管延安带出来的徒弟小尹在接受采访时，高兴地说："在导向杆和导向托架的安装中，师父要带领四人班组同测量人员配合，利用千斤顶一边安装一边调整，他已从最初调整五六次到现在只要调整两次就可以达到高精度标准。他所安装的沉管设备，已成功执行 18 次海底隧道对接任务，无一次出现问题。"管师傅听到这话，只是憨憨地一笑，笑容灿烂。我们知道他的这份成功来之不易，不善表达的他甜在心里。

管延安把一次次的挑战当成一次次带领年轻人的"实校场"。

深海进行沉管安装，无论是技术难度，还是施工风险，都是前所未有的，任何的疏忽都可能造成不可逆转的损失。岛隧建设者们提出"每一次"的理念，把每一节沉管的安装都当成第一节沉管来对待，以如履薄冰、如临深渊的态度，确保每一个细节检查到位，每一项风险防控到位。

在电话采访管延安的徒弟——34 岁的马士祥时，马士祥说，他曾因为自作主张没有在线缆外皮包装胶皮，而挨批评。马士祥介绍说，师父管延安严苛的程度，一开始大家都不适应。认为他反复操作是在浪费时间，徒弟们都是大学生，对理论掌握比较在行。往往用理论推算与师父"较劲"，但师父不急也不躁，每次都是用反复的实验和数据对比，让大家记住——重复检查是确保成功的必要基本功。有一次，徒弟们请管延安喝酒，摆下鸿门宴，故意将师父灌醉，师父抱着马桶一夜没睡，第二天又浪费了一天的假期。管延安心里知道徒弟们的用意，却不说破。

马士祥还说，师父没啥爱好，有时空闲了就是下下象棋。师父在业务培训上是严苛的，但还是比较关心大家的生活。每次一项工程完工，他都要请大家吃顿饭，每次他都会喝多。也许那也是他的一种祝贺或者说是"宣泄"吧。遇到管延安这样的师父，我们慢慢喜欢上他了。

管延安带徒弟时把重点都放在实际操作中，手把手地教徒弟反反复复也不嫌麻烦。马士祥记得最清楚的一次实操，也是他参加工作后的一次"大考"。

那是管延安带领他们的一次安装作业，测量塔和人孔井的安装是危险系数最高的作业之一，沉管下沉到水深超过 40 米的海底，而测量塔和人孔井高度要超过水深。安装在深坞区进行，管延安要指挥班组同塔吊配合，吊一节，人要爬上一节去安装，安装中测量塔和人孔井距离出现偏差，则要拆下调整重装，全部 9 节测量塔和人孔井安装完成需要 4 天时间。在几十米的高度作业，现场作业配合要靠管延安指挥，同事们把性命交给了他，而他也不负信任，指挥有序，熟练到位，俨然一位战场上的"将军"。

如果没有这一路的经历，没有管延安的教诲与陪伴，没有这刻骨铭心的体会，马士祥们永远无法知道一条通往未来的道路究竟何其艰难。

2020 年管延安获得青岛市高技能人才奖励 60 万元（税前），为响应企业重视培养高技能人才队伍的建设，管延安积极主动联系公司，个人向公司捐出 20 万元（税前）作为培养公司高技能人才的基金使用。他说，我自己本身就是一名工人，也深知技能工人在一线发挥的重要作用。作为公司总技师，我要在公司技能人才培养方面贡献出自己的一份力量，完善公司技能人才队伍，持续做好人才的梯队建设。

七、干好一件事是一生的追求

成大业若烹小鲜，做大事必重细节。匠人精神概括起来：一丝不苟，精益求精，一以贯之。三个词，十二个字，却苛刻地令人敬畏。要耐得住寂寞，受得住诱惑，技术要创新，数十年如一日，全心全力做好一件事。

二十多年来，经他手维修、安装的设备，他有百分百的信心确认安全。这是一种努力将99%提高到99.99%的极致精神。哪怕再小的细节，也要全神贯注，全力以赴，只为打造极致的产品和体验。

有人说，细心就是重复。其实，重复是保证质量的前提，关键是用心用脑，毕竟将每一件事都做极致并不容易。

"我平时最喜欢听的就是锤子敲击时发出的声音。"走在湿热的沉管里，管延安仔细检查着安装好的设备。二十多年的钳工生涯，他不仅把钳工当作了自己的事业，也深深地体会到了其中的乐趣。

他曾经自豪地说，钳工是一个小工种，但是我已经把它当成自己的事业，在自己攀登的过程中，定会将这份事业干好。

二十多年来，他对待工作总是一丝不苟，兢兢业业。他身上的"工匠精神"着实让我们敬佩、感动，从他身上看到了执着、专注、一丝不苟、精益求精。工匠精神永远不会过时，作为当下的年轻人，崇尚这种精神，尊敬这种精神，实践这种精神，将是一种奋进的最好表现。

正是源于这份专注与淡泊，管延安执着地坚守着"一丝不苟，精益求精，一以贯之"的匠人精神，凭借精湛和苛求完美的操作技艺被誉为中国"深海钳工"第一人。

"我只是一名普通的农家子弟，我有幸能到港珠澳大桥的岛隧工程中工作，这个机会是中交一航局第二工程有限公司给我的，在中国有太多的能工巧匠，他们没有去接触世界级工程的机会，而我有幸参与，所以我要感谢公司。谢谢中交一航局这个光荣的团队。"采访中，管师傅认真地跟我们讲道。

俗话讲："千里马常有，伯乐不常有。"正是因为中交一航局第二工程有限公司的"慧眼识珠"才成就了管师傅，让他的才华得以施展，成为从青岛西海岸走出的第一位"大国工匠"；也正是因为公司对工程质量的绝对要求，管师傅才有机会走进港珠澳大桥的工程建设之中；对于港珠澳大桥，更多的也正是有管师傅这样一群精益求精的匠人，才会实现天堑变通途的宏伟壮举。

就像歌里唱的，"平凡的人们给我最多感动"。管延安在施工现场度过的岁月，彰显着新时代产业工人的朴素之美、坚韧之美、善良之美，以最普通的工种，演绎了不平凡的人生。

管延安参加过各种现场访谈、演示等活动，2017年4月25日，他走进了深圳职业技术学院，参加广东"大国工匠进校园"活动，至今记忆犹新，那是他与学生们面对面的一次交流。他回答同学的提问时骄傲地说：成功的秘诀，一是遇到好的老师，"师父领进门，修行在个人"；二是你要热爱这个工作，要有兴趣去做这个工作，把工作做精做细、精益求精；三是脚踏实地，切勿眼高手低，再简单的工作都要脚踏实地去完成，要一丝不苟地做，容不得丝毫的马虎。他对自己的工作有着自己的认识。工作能不能做好，关键在于思想。要想成为一个合格的建设者，光通过勤学苦练、掌握技能是不够的，有时爱国敬业的工作态度往往更重要。他对于工匠的解读让同学们受益匪浅。"工"就是各行各业的工作人员，"匠"就是执着、脚踏实地、一丝不苟去做事。

2024年5月5日，中央广播电视总台科教频道《人物·故事》栏目播出的《小螺丝成就深海工程·管延安》，让更多人认识他、记住他。大家以他为榜样，更多的人在他的引领和影响下，在奋斗的路上，追求梦想。

因为热爱，所以感动；因为感动，所以震撼。在一航局，像管延安师傅这样的人也许很多，也正是他们，每天都在感动着身边的人。一条路的滋味只有自己走过才能真正体味。一条坚硬的路，一条修行的路，一条蜕变的路，他们选择的路，让我们感动，让我们感受到他们的纯粹、朴素、真诚，让我们发现在一份平凡的工作背后原来凝聚着如此不为人知的血汗与艰辛，才真切领悟，为什么平凡的坚守可以称之为伟大。

韩超

| 开 篇 语 |

　　只要思想不滑坡，办法总比困难多！

| 人 物 简 介 |

　　韩超，男，1986 年 8 月生，中共党员，现任中国海油工程水下机器人（ROV）总监、ROV 大国工匠工作室领衔人。2017 年获得中国海油"十佳青年岗位能手"荣誉称号；2019 年获得中国海油首届 ROV 领航员技能大赛冠军、中国海油"技术能手"荣誉称号；2022 年获评"大国工匠"年度人物，并被湖南省人民政府聘为"湖南省产业技能顾问"；2023 年获得天津市"五四青年奖章"荣誉称号。

▶ 大国工匠的"善作善成"

——记中国海油水下机器人（ROV）总监韩超

2018年，值改革开放40周年之际，央视一套推出一档全新的融媒体节目——《瞬间中国》，为大家讲述普通中国人砥砺奋斗的幸福故事。其中一张年轻俊朗的面孔出现在片中，为大家讲述参与祖国海洋石油工业建设的故事，浓缩的90秒背后是韩超战风斗浪的17年。

17年来，韩超带领团队完成上百个水下作业项目，作为ROV总监参与"海基一号""深海一号""流花16-2"等国内外深水项目，解决重大问题30多项，取得国家专利5项，获得各大科技创新奖项9项。他以精湛技艺，带领ROV领航员团队走向国际，挺进深海，为推进海洋强国战略和实现中华民族伟大复兴梦做出自己的贡献。

一、ROV 技术主场，从容驾驭

广袤的海洋世界，隐藏着数不尽的未知领域。海平面以下 300 米，是人类借助现在世界上最先进的装备，所能达到的饱和潜水施工极限，而 300 米以下的深水区，人力难以企及的深海，便是 ROV 的"主场"，所有海底作业都由其完成。在韩超的眼里，别小看这个"黄胖子"，它由 3 万多个精密部件组成，一个猛子扎下去，几百米，上千米，甚至马里亚纳海沟都能直接到底，前面两个机械手随随便便单手就能拎起四五百公斤的重量。

在万顷波涛的南海之上，"深海一号"能源站踩波踏浪、气定神闲。能让它如此从容的，是从海底伸出来的，像八爪鱼一样将它固定在大海上的 16 根系泊缆。这些系泊缆的水下安装者叫 ROV，即水下机器人。操控 ROV 的人，叫 ROV 领航员，在业界，他们也被称为"深海宇航员"，尽管他们从不下水，全靠意念在深海飞行。

ROV 技术涉及通信、飞行、机械、计算机、遥感、海洋工程知识等 20 多门学科知识，培养的难度自然就大。国家建设发展的需要，再多的难题都要去解决，再大的困难也要去克服。2007 年，电气工程及自动化专业毕业的韩超，进入海油工程 ROV 作业部工作。车间里，同事指着一台旋转着机械臂的设备，告诉他，这就是 ROV。

面对这个大家伙，他想着，要能操作它就太酷了！尽管韩超这个时候压根都不知道 ROV 是什么，但并不妨碍他这样想，毕竟从内心来说，这类没见过的东西，就是他将要征服的。

韩超在 ROV 车间对水下机器人进行维护保养

　　ROV 属于舶来品，20 世纪 60 年代，欧美就开始驾驭进行水下作业，并逐渐形成了一系列操作规范。虽然 ROV 在国际工程应用中已有六十多年的历史，但在中国却是刚刚起步。那时，船上居住条件不好，相对保障的条件也很一般。6 个人挤在一个集装箱里，褥子常年湿答答的，睡觉时船摇晃着，韩超的脑子晕晕乎乎，他就死盯着头顶上的铁锈看。ROV 作业也不如想象中那样酷炫，机器的保养、打磨、除锈这类杂活儿都是中国员工在干，只要工作内容涉及专业的技术领域，像 ROV 下水、软硬件维修等，就都由外籍人员完成。外籍的监督员和领航员在控制间作业，中方领航员在甲板

韩超在 ROV 车间对水下机器人进行维护保养

上当杂役，这样的现状，一时成为"标配"。

韩超不久后也加入了"标配"，拉开职业生涯中与 ROV 打交道的帷幕。南海的烈日常常将他晒得头晕目眩，他内心十分渴望能进控制间观摩学习，但外籍人员常常对他请教的问题置若罔闻，甚至轻蔑地表示，想在深海飞行？再等二十年吧！

韩超不服气，他对图纸、摸实物，主动学、往前蹭，在反复"拆拆装装"的过程中掌握设备原理、吃透设备系统。这时，韩超入行 ROV 开始学习设备理论、钻研设备系统的"秘籍"。ROV 系统及设备全部靠进口，所有资料都是英文的。因此，韩超整天泡在 ROV

控制间和维修间里，抱着厚厚的纯英文资料苦读研究；每天用金山词霸苦学英语，晚上睡觉前一遍遍温习当天学到的新词汇。光看懂图纸和设备原理没有用，一定要理论与实物对得上，每天在太阳底下，碰到不懂的问题他就当场请教外籍人员或上网查询。2009年，韩超已极速掌握了ROV设备的关键技术。凭借突出的表现，公司破格提升他为ROV领队，管理四台最先进的设备，并派遣他赴英国进行ROV知识培训。为了更加熟练地运用设备，韩超又自主学习了光纤、通信、编程、电路等学科知识。

"ROV的主场，我要做主！"韩超对自己说。尽管当时连操作权都没有，更谈不上话语权，但他知道，技不如人只能受人白眼，一定要苦练ROV操作技术，早日坐进ROV控制间的操作台，夺得ROV领域的自主操作权，翻身歌唱做主人。

成功通常是给有准备的人的。如何打开局面，让外籍ROV作业人员传授自己技术呢？韩超决定打感情牌，当他看到外籍人员咖啡没有了的时候，就勤快地给人家续一杯；外籍人员检修ROV设备时，他就在一旁，边帮忙、边学习，看不懂的就先记录下来，然后回去查图纸。韩超在生活中与外籍人员打成一片，了解到他们的真实想法，对方是担心教会徒弟，饿死师父，中国不再需要他们。心结往往由"有心人"来解开。韩超就和他们讲中国尊师重道的传统，讲中国的广阔市场、海洋发展前景，还有成为中国的ROV老师在对外求职中的优势。最终，这个勤奋好学的中国小伙子赢得了外籍ROV监督员的信任，开始手把手地教他。

ROV 领域是一套博、杂、高、精的多学科融合体系，不仅需要领航员具备娴熟的电气设备原理知识，还需要超强的设备操控能力和设备维修能力。韩超高中时便接触计算机并自学编程，大学时学习电气自动化，具备跨专业知识储备。接触 ROV 后，他更是埋头苦学，2 年的时间里，他几乎天天泡在控制间和维修间，反复拆装 ROV 的机械零件，不停翻阅设备资料，誓要弄懂每一个专业词汇。在其他人眼中，甚至到了"疯狂"的程度。

同事徐玉宁经常看到他拿着一个鼠标或圆珠笔念念有词，见到别人打招呼也不理。后来问他，才知道他是在用它们演练飞行线路。韩超还经常自创"土方子"练习，他把鼠标线当作兜住 ROV 的缆线，让鼠标线缠在几根柱子上，想象如何操纵 ROV 绕出来。

卓越的 ROV 领航员不仅需要娴熟的电气设备原理知识，还需要超强的设备操控能力和设备维修能力。为了练好飞行技能，韩超趁着外籍监督员休息空隙，抓住每一个实操机会来练习，下班后的时间也不放过。

成为一名"灵魂"级 ROV 领航员，做到"人机合一"，除了勤学苦练，还需要一种天赋。在昏暗甚至漆黑的海面下，操纵着没有真实触感的机械臂在水下飞行，所有的感官反馈只来自传感器数据和模糊的显示屏画面。这要求领航员不仅要掌握理论知识，还需要有较强的空间想象能力，不仅要眼观六路、耳听八方，还要手脚并用、左右开弓。

功夫不负有心人，在自身天赋与日复一日的刻苦训练下，作为中国海油第一批自主培养的领航员，韩超用 5 年的时间就达到了国外 8 年才能实现的高级领航员水平。31 岁那年，他考取了国际海事承包商协会颁发的 ROV 总监证书，不仅成为我国第一名 ROV 总监，也成了全球最年轻的 ROV 总监，打破了 ROV 领域只有欧美人才能胜任的技术神话。

一次作业结束后，外方领航员要操作 ROV 返回笼中，飞了一圈又一圈，ROV 就是无法精准回到笼中，等到飞了五圈后，韩超走上前，"让我来飞吧"，说着，韩超开始操作 ROV，最终，仅用了30 秒，便精准地飞至指定地点。

韩超在 ROV 车间对水下机器人进行维护保养

凡是新的事情在开头总是这样，不经过一番艰辛的钻研、下一番苦功是做不成的，而只有想做的人，才忍得起这番艰辛，才承受得起这番赞誉。

ROV 的主场，从容驾驭。这是韩超的底气，是他练就过硬本领，对设备性能的熟练掌握，也是他每次飞行过程中专注的匠心，更是他关键核心技术攻关，发展新质生产力的开启。在他的带领下，海油工程在国内率先建成了一支 ROV 作业全华人班组，牢牢拿回了被外方把控多年的操作权和话语权，使外籍员工垄断中国 ROV 技术的时代彻底一去不复返。

二、深海带团队，勇当头雁

船倾乃见善游，马奔乃见良御。凭借着扎实的操控技术及对设备原理的精通，韩超很快便担任了海油工程 1000 米及 3000 米 ROV 班组的领队，他和团队逐渐摆脱了对外籍 ROV 人员的依赖，并在国内各水下作业项目中崭露头角。

2012 年，韩超迎来了他"出师"后第一个，也是最具挑战性的项目——荔湾 3-1 深水海管铺设水下支持。荔湾 3-1 气田是我国在南海开发建设的第一个深水项目，水深跨度从 200 米至 1400 多米，作业具有里程碑意义。如何打响深海能源战的"第一枪"，韩超和他带领的全华人班组积极探索，连夜讨论作业技术方案，反复优化飞行路线，并详细制定了突发状况的应对方案。在两个 ROV 班组七天七夜不间歇地作业下，整个项目进行得一帆风顺。然而，最后施工阶段，他们赶上了台风季。因为涌浪大，重十多吨的管子钩上下起伏超过五米，如同一条恶龙在海中张牙舞爪，而 ROV 要把这条恶龙擒住，将卡环卡进钩头。水下浑浊，视线极为受限，挂钩起伏的钩头极有可能直接砸在 ROV 上，价值几千万的设备即刻报废；不挂，船舶一天待机费用就高达几百万，工期也会被拖延，之前的所有努力都将化为泡影。

对讲机里的声音一刻不停，业主不停地在问进展如何，什么时候能挂上。面对此情此景，韩超心里也没底。所有的人都等着他，成败在此一举，他恨不得能把脑袋伸进屏幕里去看挂钩到底在哪里！在巨大的心理压力下，韩超咬着牙全神贯注，强迫紧绷的神经放松、再放松……他通过观察钩头的起伏规律，看准涌浪间那不到 1 秒的稳定间歇，一举卡进了钩头，一气呵成的操作让所有人都长舒了一口气。

此后，韩超研究出"引导缆带入钩头"新方案，将原本需要数小时的挂钩作业缩短到三十分钟，助力项目提前十天完工，节省成本近亿元。这是 ROV 第一次执行超深水作业，并且因为出色的操控技术，ROV 首次实现连续作业超过七天，这使得项目节省费用一千多万元。

团队成员都喜欢叫韩超"韩老板"，因为什么难题到他那儿都能解决。遇到恶劣海况 ROV 又必须下水时，按照他指出的路径操作，方向绝对不会错。ROV "耍脾气"了，他看一看、敲一敲，就知道问题出在哪儿。对 ROV 庖丁解牛般的了解，超出常人的过硬心理素质，开阔清晰的大局思维，使他迅速在各个急难险重的项目中成为团队的主心骨。

为了振奋士气，韩超化身成团队的"永动机"，不辞劳苦，加班加点，平均每天坚守岗位 16 个小时，ROV 团队骨干们、班组成员团结一致，以顽强的战斗意志、高超的作业技术、负责任的工作态度，顺利完成了所有工作任务。

海上作业环境瞬息万变，ROV 领航员和宇航员一样，除了要有过硬的专业能力，还要有强大的定力，以应对新的困局和挑战。

2015 年，韩超和 ROV 团队开始率领团队走出国门，频频在国际舞台擦亮海油 ROV 品牌。他们的海外"首秀"是马来西亚 DAYA 软管铺设项目，韩超和他的团队不是向深水发起挑战，而是要迎来 9 ~ 25 米范围的超浅水作业。对 ROV 来说，水越浅作业风险越高、难度越大，浅水作业水流急、能见度低、周围遍布障碍物，ROV 在超浅水作业时会受到船舶推进器、潮汐、渔网等一系列风险影响，水下定位很困难，这对 ROV 的作业安全造成了极大的威胁。当时项目业主联系了多家国外海工单位，均未获得满意的作业方案。

对此，韩超紧急组织船方、项目组进行专项工作安全分析，创造性地通过对大数据的综合分析与研判，制定出合理的施工方案与步骤，一举突破了国际行业指导的 20 米水深作业限制，创造了 ROV 在 9 米超浅水作业的新纪录，对项目的圆满完工起到了决定性的作用，并获得了业主的书面表扬。而韩超并不满足于单个项目的

韩超与水下机器人

成功，他将该次作业的施工数据、作业各类标准写成了报告，并在之后的番禺海缆抢修等项目当中再次实施，让成功"可以复制"。此后，他们又马不停蹄地奔赴伊朗、泰国、卡塔尔等国的水下项目，优秀的业绩获得海内外业主的一致好评。韩超带领团队，一次又一次通过实力赢得国外业主高度赞赏，不断走向西非、墨西哥湾等地，为我国带回国际最前沿 ROV 深水作业经验，在国际舞台上擦亮了中国 ROV 的金色名片。

除了完成国内外各大水下安装任务，韩超及所带的团队，始终注重 ROV 设备改进及技术创新，不断加强对 ROV 系统软件的改进升级，多项技术创新获得省部级奖励，开创国内 ROV 行业先河。

2018 年在承接中东卡塔尔项目的过程中，业主在合同里严格地要求 ROV 需要对海管进行三个视角调查，并对每个阳极进行测试。在没有摄像头支架的情况下，韩超团队临时在两只机械手臂上加装了摄像头，但经过海管阳极测试时，又需要重新调整机械臂。这样一来，工作量增大，费时费力。在对设备原理的熟悉掌握下，韩超重新对 ROV 机械手的动作指令进行编程，一键搞定了原来需要 2 人配合、10 分钟才能完成的操作。最后，2 个人完成了原本需要 6 个人、24 小时的工作量，海外业主看过后惊奇点赞，中国人，太厉害了！

如果想要跑得快，路就要修得好，而修路是一件没有尽头的工作，永远需要维护和运营。对于一台高精尖的设备而言，从最小的摄像头、陀螺仪，到传感器、脐带缆，一层一层的精密仪器如同做外科手术一样，从外向内延伸，而任何一点小的故障，可能就会导致设备失灵。韩超要做的，就是做到零故障，用高超的科研技术，来为其保驾护航。

每次 ROV 设备下水作业前，韩超都要组织进行充分的工作安全分析会，时刻关注天气变化、根据海况及项目作业水下环境，提前设计好一条 ROV 下水路径，降低安全风险，万一设备在水下出问题，也要保证能在控制范围内，这是韩超十多年 ROV 飞行的安全经验总结。对他来说，很多时候安全高于一切，安全比创新更重要。在 ROV 安全管理方面，十多年来韩超团队从来没有发生过一起安全事故，哪怕是 ROV 设备电机进水这样的事故都没有。

ROV 作为海洋能源技术体系和装备体系中的重要一环，韩超深知其分量，积极将个人科技创造、提升新质生产力规划融入国家发展需要，在高效完成各项保障任务的同时，带领作业团队先后完成了锚系更换、采油树调试、跨接管安装等无数个水下工程项目，作业水深从 9 米的超浅水跨度到 1500 米的超深水……作为国内 ROV 领域的前锋大将，为中国海油的油气田建设忙碌不停。

随着个人知名度的飙升，在海外市场，有机构向韩超开出高价年薪，面对诱惑，他一笑而过。在他心中，有一个比年薪百万更远大的志向——带领中国 ROV 团队跟国际 ROV 行业巨头掰手腕，让中国成为 ROV 工程应用的顶级玩家，让中国 ROV 团队早日跻身世界先进行列，这是韩超最大的梦想！他用十多年的坚守和操行，诠释了新时代工匠人才和一线技术人员对理想信念的执着追求。

三、海底镇场子，负重遨游

芸芸众生，经得起风雨的人，如被沸水冲彻的酽茶，在沧桑岁月里几番沉浮，才有那沁人的清香。我想，对韩超来说，他的经历、他的执着、他的人品、他的精神，将和 ROV 一起，共享着岁月的洗礼，时刻都散发着新鲜的气息。

"海洋石油 286"深水工程船的一间操作屋内，韩超目不转睛地盯着眼前的多台屏幕，屏幕里展现着 1500 米水深的深海世界。在他的身旁，四名团队成员手握操控杆，交谈不多，却配合默契。这是我国自营勘探开发的首个 1500 米超深水大气田"深海一号"的施工现场。该项目运营以来，以韩超为首的 ROV 团队一直是项目组的"明星"，收获着全项目的关注，但"明星"可不是那么好当的，ROV水下每一次操作都要格外小心，以免用力过度碰坏连接器。

ROV 的舞台在海底，为了干好项目，准备工作在陆地就开始了。作为项目的水下作业掌舵人，韩超必须在出海前完全准备好 ROV所有的施工程序，就像演员登台前熟悉每个动作。2019 年筹备项目开始，他就背起了四个深水项目 ROV 作业任务，并按照国际设计规范及作业标准，设计每一步作业路径。四大深水项目，作业任务多达二百多个，每一次设备下水都要出一个方案，韩超带领团队搞方案、做测试，一年 365 天，有三分之一以上的日子他都在场地，头顶烈日进行着 ROV 陆地模拟施工。他心里装着的是水下机器人在海底的每次安全施工，上百次的陆地测试，他解决了三十多处风险作业点，倘若有一处风险没有把控到，则会产生超千万元的损失。

ROV 的精密运转，也练就了韩超的如发丝般细腻的工作思绪，操作时，要达到人机一体的境界，它就是韩超的手。在昏暗的海底，ROV 靠机后一根软缆连接着控制平台，连摄像探头都无法准确获知软缆的位置。一旦遇到风浪，软缆极易缠绕在海底某处，稍微用力拉扯，就有可能造成软缆断裂，失去整台 ROV。因此，ROV 操控过程中，不仅要求领航员能精准测算所有作业参数，还要有较强的空间想象力，在脑海中准确绘制出水下实际情况，预判各类潜在危机。

在对深水项目海管路由预调查作业中，ROV 作业范围从 130 米到 1560 米，平均收放一次 ROV 需要耗时 2 小时左右。为了提高水下调查效率，减少设备收放频次，韩超和他的团队对电力系统"动起了心思"，前瞻性地将定位信标全部改成 ROV 系统供电，效率一下子提升了 50%。

2017 年底，南海番禺油田的一处海底电缆被渔船刮坏，业主找上门来。ROV 作业部紧急开会，项目组领导开始介绍具体情况，业主直接打断，别的都不用说了，就问 ROV 在这样的天气情况下，能不能下水？韩超心里也绷得紧，按照作业规范，2.5 米浪高不允许 ROV 下水，而那天的海浪已经接近 6 米，一个操作不当，四五千万元的设备就会瞬间报废。

谁来承担这个风险？

一圈人全盯着韩超，等他回复。犹豫片刻，韩超拍板："有办法，可以下！"只见他调整好船向，凝神等待那几秒钟的"天机"——不能顶着波峰下，一个浪头就把 ROV 顶上来了，要顺着波谷处迅速推下水。事后，有人把拍摄他操作的视频发到公司群里，大家看见了，不由得感叹，这家伙真是艺高人胆大啊！

"这次的海底维修不难，关键是决定 ROV 能不能下水。别人说我艺高人胆大，首先你得艺高，纯凭一身胆，那是莽撞。我们做过波段实验，我算了下，6 米浪高在它的负载极限内。"

经过荔湾、番禺等多个水下项目的历练，这个年轻的团队对

ROV 飞行的操控愈发炉火纯青了，频频在国际舞台擦亮海油品牌。凭借超出常人的过硬心理素质和开阔清晰的大局思维，韩超迅速成为深海领域镇得住场子的人。

2020 年 3 至 5 月，韩超带领团队进行陵水 17-2 气田群开发工程项目，这也是团队作业历史上第一次进行超深水项目。项目主要内容为 6 个 LBL 基阵布设及 2 个重力锚安装，作业水深 1540 米。面对超深水 ROV 作业，国内没有任何可借鉴的相关经验，仅能凭借对 ROV 装备性能的了解，揣摩把握深水作业的 ROV 风险点。项目作业内容并不复杂，而超深水的作业环境却非常考验 ROV 设备运行的稳定性，对团队平日里的设备维保工作是一次正式的考验。

韩超心细如发，在深水海管路由预调查项目当中，平均收放一次 ROV 需要耗时 2 小时左右，为了提高水下调查效率，减少设备收放频次，韩超带领团队提前将定位信标全部改成 ROV 系统供电，避免了因更换定位信标而频繁收放设备，影响作业效率。提前制作了一段外接备用光纤，全面保证调查数据正常准确传输。经过努力，ROV 在项目施工中"一口气"在水下憋了足足 219 小时，其间没有出现任何故障，刷新了海油工程 ROV 单次下水最长时间纪录，为项目节省约 910 万元。特别是在跨接管测量过程中，ROV 团队面对海面平潮期窗口短、水下结构物周围布置复杂等作业挑战，抢抓天气窗口、有效管控作业风险、合理安排测量顺序，两台 ROV 穿插作业，有效保障了施工进度，在整个施工过程中取得了"零安全事故""零质量缺陷""零故障待机"的优异成绩，并且获得了业主的书面嘉奖。

　　随后，公司又承接了 LH29-1、LH16-2、LH29-2 等深水项目的建设，韩超作为 ROV 技术的代表参与各类专家审查会上百次，从不同厂家、不同型号的水下装备设计审查到后期安装程序审核，基于国际设计规范及作业标准，给出专业的意见和建议，参与包括 PLET、PLR、管汇、吸力桩、连接器、飞线安装等各类水下设备的空间／操作验证，解决各类干涉作业风险点三十多处。

　　为进一步确认所有安装到水下的结构物可以顺利在水下被 ROV 操作，确保水下作业万无一失，在建造期间，韩超带领团队对每一个水下结构物进行 DUMMY ROV 实物空间检查，经过 6 个月的时间，ROV 团队一共完成了 20 场的设备完成性测试，总耗时 104 天。

韩超（右）与同事在 ROV 车间进行水下作业方案讨论

根据 SIT 程序要求完成了所有检查，通过 ROV 团队高效详细的 SIT 检查，使得海上安装没有发生一起因 ROV 接入有问题而造成停工或回收水下结构物的问题。

铺设顺利完成，韩超的表情却异常平静。最激动的时候倒不是铺设完成之时，而是在铺设过程中他欣喜地发现，几乎不需要额外提醒，领航员们就已经做好预判，这位"老"师傅终于可以放肆地骄傲一回。他感叹道："我们有一批可以比肩国际的领航员，无论是操控能力是安装质量都不逊色。"

工作 17 年以来，韩超带队完成上百个水下施工项目，最多时每年出海超过 200 天，在寂静深海中"潜行"超过 1 万千米。从我国首条 1500 米海底管线铺设，到全球首座 10 万吨级半潜式生产储油平台超深水锚链系泊，再到我国首条深水钢悬链立管（SCR）回接、主脐带缆铺设……他带领团队创造了一个又一个海上安装奇迹，把中国人的脚印稳稳扎在 1500 米的大海深处。

四、蓝海筑匠心，勇打头阵

习近平总书记指出："科技是国之利器，国家赖之以强，企业赖之以赢，人民生活赖之以好。"随着我国海洋油气勘探开发加快迈向深水深层、高温高压、稠油低渗等领域，对科技进步和创新的需求越来越紧迫。中国海油坚持紧贴海洋油气勘探开发需求，加快推进原创技术策源地和深水油气装备现代产业链建设，成功打造深水水下生产与控制系统等一批具有国际先进水平的国之重器。

信念的小舟，可以托起壮丽的人生。韩超之所以能够在经受了一次次挑战后不懈奋起，归根到底是他心中有信仰、脚下有力量。他这样说："光荣是我们获得的新成果，是十分珍贵的，其不亚于天赋的生命。"

"深海一号"超深水大气田，是我国首个1500米水深自营深水大气田开发项目，是我国自主研发建造的全球首座具备遥控生产能力的10万吨级深水半潜式生产储油平台，它的投产标志着我国海洋石油工业具备全海域油气勘探、开发、处理能力，全面实现从300米到1500米超深水的跨越。

在该项目担任ROV作业总监的韩超比以往更忙了。ROV的舞台虽然在海底，但很多施工的成败取决于陆地准备工作是否足够细致。对于"深海一号"大气田来说，大到一个整装设备就位，小到安装一枚螺栓，全部需要ROV完成。水下设施的设计、建造、安装、调试等流程，都要依托ROV"量身定制"。走向深海，对ROV设备的稳定性要求更高，ROV领航员也面临巨大挑战。在超千米深水区，对施工精度要求异常苛刻，哪怕领航员的手指一次不受控制地跳动，都可能带来不可估量的巨大损失。

在一次实物空间检查中，韩超发现建造腐蚀监控系统设计时，没有考虑ROV的作业空间，赶紧提出修改要求，侧面电气接头空间不足，需要增加间距。这个时候，实物空间已经建好了，如果再增加间距，需要进行大量的修改。面对这种突发状况，施工负责人当场就急了，让韩超想想其他的办法。

差一毫米也不行，一旦 ROV 操作不了，没有任何替代手段，整个海上施工都要中断！深知其中利害，韩超寸步不让。最终，各方经过一系列论证，进行了修改。

上天不易，下海更难。巨大水压下，在 1500 米之外的陆地控制间，遥控海面下由几万个精密零件组成的 ROV，这对水下领航员的操作极具挑战性，必须极为精准，有时候，一次手指轻微的颤动，传导到 ROV 和作业之间的，就是 10 多厘米的距离。这样的距离往往是致命的。

控制间里，韩超"运筹于帷幄之间，决胜于千里之外"，如坐镇指挥千军万马的将军。他双眼盯着 9 台显示器和各种传感器数据，右手飞 ROV，左手操作机械手，脚踩收放踏板，同时大脑中对船舶、ROV、水下设施的位置了如指掌，达到"人机合一"的高效工作状态。

2021 年 3 月 9 日，"深海一号"大气田主脐带缆施工在夜幕下进行，由于水位太深，脐带缆终端接头偏转达 140 度，两台 ROV 多次尝试纠偏，但均未奏效。

"暂停对接！"韩超通过对讲机果断发出指令。他根据多年的工作经验预判，在巨大的扭力下，继续操作可能会导致脐带缆接头损伤或两台 ROV 缠绕损坏，进而给项目按期投产带来重大影响。韩超镇定地指挥着两台 ROV 密切配合，先将脐带缆拉到距离海床 100 米的地方，又凭借准确的空间感知力判断出缆体扭转角度，随后命令 ROV 朝着反方向回转，最终成功将缆体回转到正确角度，实现成功对接，对讲机里传来一阵掌声。在韩超和团队的密切协作下，"深海一号"大气田 7 根脐带缆海上安装作业顺利完成，较计划工期整体提前 22 天，节约成本 2800 多万元。

2021 年 4 月 7 日，"深海一号"大气田东区 6 根静态脐带缆及

韩超在 ROV 控制间遥控水下机器人

1 根动态脐带缆的海上安装作业顺利完成，总施工作业历时 71 天，整体提前了 22 天完工。而其动态脐带缆创造了多个国内之最，包括铺设水深最深、外径最粗、长度最长、刚度最强、终端尺寸最大且最高，终端光、电插头最多，等等，水下连接及操作的技术难度可想而知。

在作业过程中，韩超及其团队不断在实践中探索创造，改进方式提升效率，脐带缆终端与管道之间的水平连接系统为国内首次应用，涉及水下回接工具种类多，要求双 ROV 同时作业。整个脐带缆的水下铺设过程，包括主脐带缆的水下抽拉，脐带缆接头与水下结构物的接头对接，光、电飞线的连接，脐带缆终端接头水下打扭，脐带缆与结构物接口的狭窄空间下的杂物清理等，均得到圆满解决和完成。

2021 年 6 月 25 日，项目投产当天，韩超和团队依然毫不松懈，为了即将到来的神圣一刻，反复测试检查，确保万无一失。"在国际上要造这样一座十万吨级的生产储油平台大概需要 33 个月，我们仅用了 21 个月，通过我们这些人的努力，让我们国家在 1500 米的水深中站稳了脚跟，我就觉得自己这一辈子都值得了。"韩超自豪地说道。

除"深海一号"大气田项目外，韩超作为 ROV 总监，还带队完成国内首个深水自营油田群项目流花 16-2、首个自主实施超千米深水水下工程总包项目流花 29-1 等多个深海油气开发水下施工作业，推动我国深水施工技术从 300 米水深成功迈入 1500 米"超深水"时代。

"我还是从前那个少年，没有一丝丝改变，时间只不过是考验，种在心中的信念丝毫未减……"这首歌唱的便是韩超的心声。蓝海筑匠心的梦想，一点点在他的践行中得以实现。

而伴随着技术的不断精进，韩超也期待着自己能够与这个行业共同前进。这段征程并不只是当年投身这个领域时要苦学 ROV 技术，需要持久坚定的意志和决心。韩超从不设想自己做不到，始终相信办法总比困难多，如果此路不通，就换种方式再试试。这是勇气，也是韩超在推进中国 ROV 行业建设中匠心的磨炼。

2022 年 9 月，以韩超为领头人的 ROV 大国工匠工作室正式挂牌成立。韩超带领成员开展了多项科研技术攻关，参与各大科研课题近 10 项，申报国家专利 10 余项。2023 年，在韩超的带领下，工作室攻克了 ROV 超长着泥点监控等关键性难题，这也是国内首次超长

韩超在 ROV 控制间遥控水下机器人

着泥点监控 ROV 入水点研究。通过对 ROV 系统的升级改造，使铺管船自带 ROV 具备最远监控着泥点达到 1300 米能力，解决了深水海管铺设中超长着泥点作业难题，助力项目月节约成本近千万元。

如今，走进大国工匠工作室，能看到韩超正忙着准备下一步的工作——打造 ROV 专业团队，成立系统化人才培训中心，推动 ROV 行业职业化、标准化、国产化、智能化，秉承着最初的梦想，永葆赤子之心能源报国，全方位打造"国内标杆""世界一流"。

五、设备国产化，砥砺前行

中国海油始终把重大装备制造能力紧成一根弦，把"用自己的装备开发海洋油气资源"作为重要的战略目标，以着力打造海洋装备设计建造为中心，坚决当好国产化海洋高端装备制造的"领军者"为抓手，不断推进海洋工程建造及高端装备制造的自主研发、自主建设。

不懈地奋斗是韩超践行自我人生价值的底色，而将个体的知识与能力转化为集体的战斗力，则是他作为海油"工匠"的责任担当。作为技能带头人，韩超积极通过传、帮、带，持续加强技能队伍建设，推动 ROV 设备国产化，带动中国自主研发、自主创造走在世界同行业前端。

从 2009 年至今，韩超共带出了 5 个 ROV 作业团队，涵盖公司不同品牌类型的 ROV 设备，先后培养出近百名 ROV 领航员以及近10 名 ROV 监督和总监。

这些优秀的"后浪"，在中国海油职业技能大赛 ROV 竞赛中斩获傲人成绩。韩超用行动证明一个人发光只是一颗星闪亮，让身边所有 ROV 领航员技能过硬，打造 ROV 专业团队、比肩国际，才能点亮中国海油的星空。

韩超深知要激励和带领更多的青年一代走技能成才、技能报国之路，以传承之力守"灼灼匠心"，加大人才队伍建设，提升技能水平，培养更多的"大国工匠"。

国内这行太缺人了，国家海洋能源发展又特别快，加速人才培养，提升技能水平，是行业需要、国家需要。目前国际上 ROV 总监仅在五百人左右，和司法类的规范性考试不同，ROV 总监考核更侧重实

韩超（右）在 ROV 控制间操作水下机器人作业

韩超（左二）在 ROV 控制间指导新员工进行水下作业

战经验。但相比于国外，国内 ROV 的发展仍处于起步阶段，人才少、配套体系不完善、离职率高、个人工作量大，陷入恶性循环。韩超所带领的团队就先后有近三十人离职：有去国内各类科研院所的，那边工作简单得多，ROV 经常就是做一些下水进行采集海底样品的工作；有去国外公司的，那边薪酬相对高，也有专门的职业保护法。

　　面对这种情况，作为技能带头人的韩超更是感受到了肩头的责任，他想推动行业标准化建设，公司拥有丰富的 ROV 使用经验、设备运营经验和一线施工经验，在推动形成 ROV 行业规范、标准化作业指南势在必行。他希望能培养高精尖人才队伍，建立国内首家乃至东南亚首家 ROV 人才培训中心，提升人员专业技能水平，考核、发放的证书能被国际认可，培养的人能进入国际圈子。韩超表示："推动 ROV 设备的国产化，习近平总书记曾连线'深海一号'作业平台，强调要把装备制造牢牢抓在自己手里。我们是央企，占尽了天时地利，只能由我们来牵头。"

随着行业发展，言传身教的方式并不能让韩超满足。凭借前期总结积累的大量经验，他逐渐意识到人才培养标准化的重要性。再优秀的人也有打瞌睡的时候，而稳定的制度和标准化的流程能够最大限度地保证操作不走样变形。

把最核心的技术和流程高度凝练，以标准化的形式固定下来，韩超这样构思。标准不会受个体能力的影响，行业也会就此得到规范。

说干就干，韩超带领工作室核心骨干成员先从人才培养标准化着手，通过严格的培训和考核制度帮助每一位操作手取得资格证书，用"持证上岗"的思维保证每一位领航员的素质过硬。大家集思广益，包括培训教材的编写、理论知识的学习、模拟设备的训练、实际操作的考核等，同时对标国际标准，把"优秀"变成可以复制的稳定经验。同样需要确定的还有进入行业的标准，国内的 ROV 行业其实起步甚晚，目前国内尚无统一规范的 ROV 行业标准，在国家职业大典及中国海油内部工种目录中，同样缺少"ROV 领航员"这一工种。

作为在国内 ROV 操作领域最有经验的一批先行者之一，韩超深知推动制定行业准入标准是一件义不容辞的事情。从企业到行业，标准制定不仅有利于 ROV 作业的安全和效率提升，同时也能规范行业发展，打通人员职业发展通道，在节约资源、降本增效、国际合作交流方面也颇有空间。2022年起，韩超便带领工作室核心成员进行了ROV新工种"水下机器人领航员"的开发工作，牵头编制了《水下机器人领航员职业技能等级标准》，对ROV操作流程、技术要求、行为规则等方面进行统一规范，分级设立ROV新工种的各个职业技能等级与相对应的技能要求，让ROV行业进入了有据可依的新阶段。这也是我国首个ROV领域技能标准，创立了ROV装备技术行业标杆，为加快ROV人才培养、促进行业高质量发展奠定了坚实的基础。

除了助力中国"深海宇航员"人才队伍的搭建和人才培养体系的完善，韩超还有一个目标——ROV国产化。他总说，我们不但要有自己的领航员队伍，还要掌握ROV设备自主制造和软件自主开发关键技术。一般一台ROV的使用寿命在15年左右，韩超的"老朋友"——那台2002年购入的ROV已经进入了垂暮之年。ROV领航员虽然有了"全华班"，但设备本身还是依赖进口。不仅如此，由于国际上设备的更新换代快、技术图纸升级、零部件断供、运营商变动大、后勤支持赶不上，很多ROV设备仍在服役期间就失去了快速响应的技术支持，给运营、维修和保养工作都带来挑战。

ROV国产化，成为韩超最操心、最想攻克的事情，复杂的国际形势让他对这一工作感到紧迫，思考从一个小零件到核心模拟器的升级改造，怎样才能真正做到"用自己的装备开发海洋油气资源"。他把ROV国产化当作使命，渴望为海洋工程技术研发和海洋装备设计建造

韩超（左一）在 ROV 控制间指导团队配合作业

贡献力量。

　　但当前国产化的进程道阻且长，设备系统的稳定性和可操作性
远远达不到令人满意的标准。为此，韩超一直积极地推动国产设备
的海试，加强沟通和技术反哺，渴望带着这条产业链一起"飞行"。
一方面，针对关键技术方面进行总结、突破，带领工作室成员开展
"ROV 控制系统国产化研发""ROV 远程遥控""模拟器升级改
造"等课题研究，以减少对国外厂家技术支持的依赖；另一方面，
加强设备备件供应链管理，与具备研发能力的科研高校、研究所、
海洋企业对接，寻找国内备选供应商，与现有 ROV 装备进行适配，
以突破国外装备"卡脖子"壁垒，打破国外重型工作级 ROV 设备

垄断局面。

韩超对要走的这条路有坚定的信念，而信念来自开阔的心胸和高远的视野，深海宇航员们的眼光不止放在国内，也放在国际。ROV 行业可以推动海洋经济开发、深海科研发展和国际 ROV 业务拓展，时代需要这一代领航员。

谦逊且自信的韩超，常常这样说："如果我曾经或多或少通过ROV 这个平台激励了一些人，我的工作曾经或多或少扩展了辛苦在中海油战线上众人对生存、对使命、对科技兴国的理解范围，因而给各自的工作增添了一份丰富和厚重的话，那我就感到满足了。至于我，作为一名普通的水下机器人领航员，能够有这样一个平台，为国家、为能源事业做点力所能及的事，是荣幸的，也是幸福的。唯一的慰藉，就是希望在 ROV 构建的蜂巢里，能够看到自己的一滴蜜。"

为深入贯彻落实习近平总书记关于建设海洋强国、加快深海油气资源勘探开发的重要指示和 2022 年 4 月 10 日视频连线"深海一号"生产平台时的重要讲话精神，中国海油以大力实施"三大工程、一个行动"为主轴主线，勇担责任使命，锐意攻坚克难，发挥科技创新、产业控制和安全支撑"三个作用"，推动超稠油规模开采等核心技术和水下生产系统等高端装备取得新突破，矢志不渝打造海洋油气领域可靠的国家战略科技力量。

韩超就是这众多力量中的一束火。我一直在想，作为一名征战蓝海的一线工作者，多年来，是什么力量促使韩超忍受困苦、挑战极限，挖掘并不断展现自己的科技眼光和创造策略，成为 ROV 大国工匠工作室的"领头雁"？这并非无意，显然是多年来韩超的坚守，在技能探索与实践中寻找到尊严和价值，并且将这份感受分享出去。无论是 ROV 团队，还是工作室成员，抑或是其他被他的创造和成就感召的人，都会感受到他的这份情怀——浓烈成火，在中海油一线激情燃烧。

个人的成就背后是强大的国家、强大的企业在进行着支撑，个人的成长离不开家人和团队的支持。在中国海油，有两个群体把海油文化升华成一种精神：一个群体在海上坚守拼搏，另一个群体在家里守望相助。一个群体用他们的旷达、爱岗和敬业精神，用他们和谐的船舶、平台文化，构建着"海里的家"；另一个群体则用她们的善良、温柔和美丽，以及在海陆两地相守中磨砺出的坚强韧性，汇聚成"家里的海"。

韩超属于第一个群体，而他的爱人则属于第二个群体。韩超的爱人是海油工程的一名职工，更是一名"海嫂"，她更能理解和包容韩超的工作属性与不容易。因为 ROV 作业的特殊性，韩超每年要出海 200 多天，很少能照顾家里。10 多年来，家里的大小事几乎都是爱人一个人撑过来的。身为"海嫂"，虽然出不了海，甚至看不到大海，但是她的心中浪花翻腾。

如今，韩超投身 ROV 事业已 17 年，这 17 年，也恰是我国能源工程业务能力爬坡过坎飞速发展的 17 年，作为一名能源行业工作者，面临新时代发展新质生产力的要求，韩超深知肩上的使命重大。新质生产力由技术革命性突破、生产要素创新性配置、产业深度转型升级催生。展望未来，加快实现高水平科技自立自强，就是抓住了培育新质生产力的关键，为新质生产力发展积蓄更多发展动能。

向"新"而行，以"质"致远。在发展新质生产力、推动高质量发展的新征程上，韩超将继续奋斗在"蓝色沃土"上，与这个行业共同前进；不断提升科技创新能力，开辟 ROV 人才培养新模式，打造高技能人才队伍，力求突破更多技术瓶颈，掌握更多关键核心技术；推动 ROV 行业职业化、技术标准化、设备国产化，全方位打造"国内标杆""世界一流"，为加快深海油气勘探开发、建设海洋强国，笃实前行，善作善成，做出新的更大贡献！

为了这份善作善成，在 ROV "潜"行路上，韩超正在广袤的海洋世界，孜孜以求，坚毅前行，迈向更高更远的天地。

崔蕴

| 开 篇 语 |

　　劳模和普通人其实是一样的，只是他们会付出更多、钻研更多，所以成绩才会更多。劳模之所以成为劳模，都是做了很多看似吃亏的、别人不乐意干的事情。实际上，你去解决了一个难题，无论是对于你个人还是集体，都是一笔财富。

崔蕴

| 人 物 简 介 |

　　崔蕴，男，1961 年 8 月生，中共党员，航天特级技师，现任天津航天长征火箭制造有限公司总装车间副主任，火箭总体装配工。享受国务院政府特殊津贴，曾获得全国劳动模范、全国技术能手、中国航天基金奖、中国质量奖提名奖、天津市道德模范、天津市五一劳动奖章等荣誉，拥有以个人名字命名的国家级"崔蕴大师工作室"。2019 年 10 月 1 日，作为"大国工匠"代表应邀参加新中国成立七十周年阅兵式等活动。多年来，他积极参加"劳模工匠进校园"活动，走进滨海新区塘沽第一中学等学校，用自己的奋斗故事激励广大学生争做立大志、明大德、成大才、担大任的时代新人。

漏率

在已知漏洞处两侧压差的情况下
入干燥气体至。

$$1 \times 10^{-3} \, \text{Pa m/s}$$
$$1 \times 10^{-5} \, \text{Pa m/}$$

▶ 用生命为国铸"箭"

——记天津航天长征火箭制造有限公司总装车间副主任崔蕴

　　他痴迷火箭四十余年，曾为火箭命悬一线，把打造世界顶级火箭作为终生事业；他从一名普通的火箭装配工成长为国家级技能大师，更锻造出一支过硬的火箭总装队伍，为我国航天事业的腾飞作出了巨大贡献。

　　他，就是崔蕴，我国唯一一位参与了中国运载火箭技术研究院所有现役捆绑型运载火箭研制全过程的特级技能人才。被称为中国新一代运载火箭总装第一人。一枚火箭几十万个零件，他看一眼就能识别出来，各种装配数值烂熟于胸；每一枚火箭上天后，就有一组数据录入崔蕴的大脑；他是火箭装配的把关人，也是长征系列运载火箭的最牛"人工智能"。他的生命，仿佛就是为了火箭事业而生，人们形容，他是在用生命为国铸"箭"。

一、一见钟情

崔蕴出生于军人家庭，爷爷是老八路，父亲在新中国成立前参加革命，新中国成立后参军，是我国无线电事业的老前辈。他从小就被教导要"保家卫国"，对国家有着与生俱来的责任感，对航天事业和军工行业有着天然的亲近感，参军或者到军工企业工作是他的必然选择。20世纪70年代，我国先后成功发射了长征一号、长征二号运载火箭，老百姓对航天事业多少都有些了解。上中学时，崔蕴经常购买《航空知识》杂志，2角钱一本的定价在当时算是昂贵的了，但崔蕴第一次看到杂志上火箭的照片，就被深深地吸引住了。按他的话说，那是一种无法用语言来形容的痴迷。从那时起，航天的梦想便在他的心里埋下了种子。

1980年，19岁的崔蕴参加高考，他本是对考上大学信心满满，于是技校志愿只填了首都航天机械公司技工学校一个，这个学校是他从父亲的战友那里得知的。出乎意料，崔蕴高考失利，于是进入首都航天机械公司技工学校学习。2年后，崔蕴毕业，分配到首都航天机械有限公司。这个公司就是负责运载火箭总装的，成绩优异的崔蕴被分入总装车间。第一次在车间里见到那些以前在杂志上才能见到的"大家伙"，崔蕴满怀兴奋。

总装车间是厂里的核心车间，低于六级工的没有资格进入，车间的组长、副组长都是八级工。老师傅们带徒弟很严格，要求年轻的装配工们保质保量，少出废品。但时间一长，崔蕴就不满足了，

2016 年 3 月，崔蕴（左一）在总装车间现场为员工讲解火箭箱体外观结构

他好奇火箭到底是怎么一回事。他说："如果只听师傅们的，我只能是个好工人，但火箭装配对我来说不只是个工作，我把它当作事业，干事业就要干到极致，而你只有系统地考虑问题，才能提高质量。"回忆起当年入职的情景，崔蕴依然充满感慨。

崔蕴只要有时间，便如同一只好奇的蜜蜂在车间里四处游走，对每个人的工作都充满好奇，谁谈工作他都总是忍不住上前听一听。他说："我觉得一定要向别人学习，哪怕一个人在我们眼中看似平庸，但他肯定有些方面比你强。"崔蕴渴望学习，但并非所有人都愿意教他，有时他的求教会被认为是干扰他人工作，有时则会被视为好高骛远。

2014 年 10 月，崔蕴在总装车间现场为员工进行氦检漏要点培训

　　崔蕴最喜欢在设计人员的办公室旁边"偷听"，他深信真正的技术并不在图纸之上，而是深藏在设计人员的大脑之中。然而，他无数次被设计人员以最委婉的方式"请"出去。崔蕴笑着说："当我听不懂的时候，我会到处求教，设计人员有时会说，这些东西你不需要知道，对你来说没有用。有的人甚至不愿意给我讲解，就说'你也不是干这个的'。但是，如果想学本事，听了这些话就不会觉得'脸皮薄'，我会继续寻找机会，一定要弄清楚。"崔蕴把这称为"偷"的艺术。

　　对于崔蕴的做法，车间里很快就起了风言风语，有人说他不务正业，有人说他闲得没事干。崔蕴没少被车间领导叫去谈话，但崔蕴心心念念的只有火箭，"艺多不压身，学会了用在工作上，工作就更得心应手"。

崔蕴的爱人，当年和他在同一个厂房工作。那时崔蕴从事火箭总装，她负责火箭的质量检验。回忆起当年，她常常用一种崇拜的目光看崔蕴："我那时就发现他和其他青年工人不一样，别人还跟在老师傅后面学习时，他就已经独当一面、独挑大梁了；平时聊天，不超过三句话准会把话题引到火箭上去，自此就打开了话匣子，滔滔不绝。别人都说他天分高，而我看到的却是他对火箭的痴迷。"

在厂里，崔蕴痴迷地围着火箭转；下了班或者休息日，他最爱的是钻图书馆看书。有一次，两人相约去图书馆，刚开始，看的都是专业书籍。一个多小时过去了，她手中的专业书换成了文艺杂志，崔蕴也换了一本书，不过还是关于火箭的专业书籍。又过了一个多小时，文艺杂志也有些看烦了，她瞄了一眼崔蕴，看崔蕴还在目不转睛地看着火箭专业的书，就问："咱们什么时候走呀？""再等等。"崔蕴一边说一边指着旁边另一本关于火箭的书说，"等我把这本看完。"看着他那"书中自有颜如玉"的痴迷样子，她又好笑又好气。

结婚后，崔蕴对火箭的痴迷依旧不减。按他爱人的话说："看见关于火箭的杂志、图书，就像小孩子看到糖果一样，说什么也挪不开脚了。"婚后，收拾家务呀、带孩子呀……家里的琐事越来越多，也牵扯着两人的精力。那时候还不像现在是双休日，一周就休一天。

每到休息日的上午，崔蕴都特别积极地做家务，扫地、买菜……快到中午的时候，他就会笑嘻嘻地对爱人说："衣服都洗干净了，地也拖了，菜买完了，坏了的电器也修好了，下午我去图书大厦转转，行不？""行。"爱人知道，他去图书大厦，一准是去看关于火箭的书去了。这时，崔蕴往往是背上包就冲出房门，好像生怕爱人反悔似的。在北京西单图书大厦的航天书架旁，崔蕴往地上一坐就是半天，一边看一边做笔记。

二、生死边缘

1990 年 7 月 12 日，崔蕴经历了一场惊心动魄的生死考验。时隔 34 年，提到这个日子，他的心头还是会不由得一颤。至今，崔蕴的电脑密码中还有这样一串数字：19900713。他说："这一天，是我的第二个生日。"

当年，在我国首次发射长征二号运载火箭的前夕，助推器突发泄漏，亟须紧急抢险排除故障。面对充满四氧化二氮这一致命毒气的助推器，崔蕴毫不犹豫地挺身而出，戴上"猪鼻子"滤毒罐，用碱水擦拭身体，奋不顾身地冲入舱内。舱内棕红色的烟雾，如同死神舞动的裙摆。那是一种伴有强烈刺激味道的毒气——四氧化二氮，它会烧伤皮肤，破坏肺泡，使人窒息死亡。

尽管崔蕴和同事们并无抢险经验，防护措施也不完备，他同他们毫无惧色。在舱内，四氧化二氮的浓度让他们呼吸困难，干两下，就得打开舱盖狠吸两口空气，再折回去继续抢险。经过近一

2016 年 6 月，崔蕴在总装车间现场检查火箭阀门外观结构

个小时的连续奋战，他们终于成功排除故障，火箭保住了。然而，崔蕴却因吸入过量毒气而重度昏迷，出舱后被紧急送往医院进行抢救。

经检查，崔蕴的肺部被严重烧伤，生命垂危。崔蕴回忆说："当时情况危急，需要注射解毒剂进行解毒，但是解毒剂也对人体有害，过量也会出人命。但是不加量，一定会死，加了说不定还有生还的希望。医生给我用了10倍于常人的解毒剂量，以前从来没有人用过这么大剂量，这才保住了我的命。这些都是事后医生告诉我的，我当时一直处于昏迷状态。其实昏迷的时候最舒服，因为醒着的时候，无论张多大嘴都喘不上气来。但我到底还是苏醒过来了。"崔蕴呵呵一笑，"所以，我就当了回'小白鼠'，也算是给咱们国家的医疗事业作出了一点贡献，也挺好！"那一年崔蕴29岁，是抢险队员中最年轻的一位。

然而，他75%的肺部遭受了毒气腐蚀，无奈之下只能选择切除。

在长征二号E（代号CZ-2E，俗称长二捆）成功发射的当天，崔蕴带着氧气瓶，被医生护士抬到了医院的楼顶，听着火箭发射的轰鸣声，眼泪啪哒啪哒地往下掉。几天里，从在病床上听到了一名亲密队友壮烈牺牲的惨痛消息，到见证了这枚火箭的首飞成功，这冰火交融的滋味，崔蕴一辈子都忘不了。

他爱人听到这个消息时，人都蒙了，吓得不得了。虽然心疼，但是也忍痛理解，那种紧急情况下，崔蕴得往前冲！

那次抢险任务给崔蕴的身体带来了永久性伤害，当时很多人都劝他放弃航天。可是崔蕴是真心喜欢火箭总装，只有看见了、摸到了火箭他才觉得安心，不然在哪儿都坐不踏实。

崔蕴说："我不是一个人，我的战友在牺牲前向党支部的思想汇报中还在写'要在工作中发挥党员的模范作用，把本岗位工作做好，为最后首发成功做出努力'。我得把他未竟的航天梦变成现实，作为一名共产党员，就是要随时准备为党和人民牺牲一切，有一种使命比生命更重要，那就是航天报国。"

经过医生诊断，崔蕴的身体状况难以从事繁重的型号生产工作，否则将随时危及生命。鉴于崔蕴身体太虚弱，加上此前几年又得了脑血栓，血压、血脂也高，领导便把他调到了工艺组，大家以为他会从此离开总装一线了。但崔蕴太热爱这份事业了，为了能回到总装一线，他开始健身。他的健身方法很简单，就是长时间暴走。平时下班后走4个小时；周末就绕着北京的二环路、三环路甚至四环路走，最长的一次走了16个小时。这样疯狂地走路，让他的血压和血脂迅速下降，但也带来了风险。

有一天，他爱人正坐在家里看电视，忽然电话响了，电话里传来老崔的声音："老婆——开车来四环辅路……接我……去医院。"伴随着呕吐声，老崔断断续续地打完电话。爱人赶紧开车找到他，并送他上医院。那是他第二次脑血栓发作。事后，她哭着埋怨老崔，不该那么高强度地锻炼。崔蕴笑着说："科学攻关嘛，大胆假设，小心求证。这套健身工艺还有优化的空间。"他这个人，只要认准了，就一定要走下去，谁劝都没用。

就这样，他"逼"着医生和领导，终于放他回到了最爱的"战场"，调回了总装车间。

经历此次长二捆抢险，崔蕴深刻地认识到航天火箭这个行业的高风险、高难度。从此，他如同海绵吸水般开启了疯狂的学习模式。在西单图书大厦一坐就是一天，一边看，一边记，一边琢磨。对于不明白的问题，他一定要打破砂锅问到底。在他看来，一名合格的火箭装配工，除了铣工、车工、焊工、电工等手上技术，脑子里还必须装着材料力学、理论力学等不同学科的理论知识。有时，为了一个问题，他跑到设计员那里，一泡就是一天，就是要彻底解开心底里的那些"疙瘩"。

崔蕴说："运载火箭的零部件多达十几万个，在火箭总装的过程中，从构造参数到作用原理，这些不同材质、型号的零件装配得是否合格，我们总装人必须了如指掌。除了常规的装配以外，每天的工作其实也是一个不断创新的过程，航天产业是一个高新技术产业，很多最新的技术和材料都要应用于火箭的生产中，因此，我们就要不断学习、不断创新，这样才能不被时代所淘汰。"

凭借多年积累的理论知识和抢险经验，在一次火箭发射前，崔蕴还及时救下命悬一线的队友。当时，身兼工艺员的总装一组组长崔蕴正在指挥操作人员抢修故障，他敏锐地观察到一名队员在进入舱室时身体出现了轻微的晃动。这一细微的动作立刻引起了他的警觉。崔蕴意识到情况不妙，快速上前，果断地掀起队友的空气面罩，紧急切断气源，并紧紧抱住队员滚倒在地。随后，崔蕴迅速掐住队员的人中，并紧急抢救，直到队员口鼻冒出大量白沫才最终清醒过来。由于事情发生得太快，现场人员还以为两人在打架，有的甚至过来拉架。事后大家才知道，崔蕴从那一晃中看出了氮气中毒的迹象。原来，由于工作人员一时疏忽，导致该名队员空气面罩的气源竟错接成了无色无臭的氮气。在掀下面罩后，这个队员已几近昏迷，一条腿掉进火箭与发射塔架的弧形间隙，随时有可能从40米的高空摔落。正是崔蕴的快速反应和

2019年2月，崔蕴作为天津火箭公司大国工匠讲堂活动讲师为员工讲座

果断处置，避免了一次重大事故。

三、一战成名

1992年，长征三号甲运载火箭步入总装的关键阶段，厂里急切需要一名长三甲的工艺员。然而，面对这枚全新的火箭，工作难度之大使得无人愿意挺身而出。此时，厂领导点了崔蕴的名。"当时的工艺员都是大学生，像我这样工人出身的工艺员，厂里几乎没有。工艺员负责三级工艺的制定，工艺流程、工艺方法、工艺文件的编写。别的工艺员上来都有师父带，但是长三甲是个新型号，没人能带我，一切都靠我自己，而且不能有任何失误，搞就要搞成，就要搞对。"崔蕴回忆道。

崔蕴迎来了职业生涯中最为严苛的挑战，他需要学习大量的知识，每天频繁地和设计师、总师们沟通交流。"你怎么才能让人家尊重你，你得有本事，说得对才行。"崔蕴说。

为了"有本事"，崔蕴付出了比别人更多的努力。下班后，他也要忙着学习充电；休息日，他去西单图书大厦一坐就是一天，带着在工作中遇到的各种问题查阅图书找答案："比如设计人员定了使用某种胶，我就要去查这种胶的化工性能，然后规定实际操作中怎么使用，现场保持什么温度等细则。"

这样陀螺般的日子过了整整两年。1994年2月8日，长三甲首次发射成功，崔蕴一战成名。长三甲被誉为"劳模火箭"，在"嫦娥奔月"、北斗组网等国家重大科技任务中起到了"擎天柱"的作

2019 年 4 月，崔蕴在北京参加 2019 年庆祝"五一"国际劳动节暨全国五一劳动奖和全国工人先锋号表彰大会

用。之后长征七号、长征八号的三级结构用的还是长三甲的三级结构，所有工艺标准也都沿用了崔蕴编写的文件。

证明了自己的崔蕴并没有"乘胜追击"，反而主动要求回到工人岗位。"一方面我愿意干新的、有挑战的工作，另一方面我还是愿意干活，拧拧螺丝心情好。"

此后几年间，崔蕴又干过几个管理岗位，但总是完成了任务就又要求回去当工人，直到长征五号开始研制，此时已是特级技师的崔蕴在车间负责技术管理，他已不能像从前那样来去自由。新型火箭接连上马，崔蕴的任务越来越重。

任务艰巨，但崔蕴忙而不乱，他已对火箭手拿把掐，心中有数。从长征三号到长征八号，听起来只有六个型号，但事实上，没有任何两发火箭是完全相同的。"重量轻一点，推进器就少加点，重量重一点，推进器就多加点，即使两发火箭自身完全一样，如果发射时间不一样、温度不同、液体密度不同，诸元计算都不同。比如北斗打了这么多发，每次的轨道面不一样，发射倾角不同，发射时间不同，诸元就都不一样。"崔蕴说，之所以要算得这么精细，是因为火箭总装是一个锱铢必较的活，"火箭的结构很脆弱，因为火箭的设计余量很小，比如汽车，为了结实给车身多加100公斤重量也不算什么，但火箭每多加1公斤，要多加5万美元的成本，所以所有的结构都要精确负荷。"

崔蕴的脑子就像个数据库，里面记录着很多数值，还有各种材料的特性，每当看到图纸，这些信息就开始自动关联查验纠错，连设计人员都经常会向他请教咨询一些问题。崔蕴常说,对的结构和对的结构组合在一起也可能不协调,装配上了才发现问题不算啥,在一切正常时发现隐患才叫本事。"长征七号做地面试验时,我参与装配试验,看到长征七号用的密封圈是长三甲的密封圈,我找到设计师说,选长三甲的密封圈是不对的。长三甲和长七虽然都是低温箭,但工作原理不一样,长三甲是自身增压发动机,最高温度也在零下,长七是高压补燃发动机,最高温度可达300℃,密封圈耐高温的上限是70℃~80℃,长七用这个密封圈肯定不行。"

崔蕴不光了解火箭零部件的特性,还知道每个部件的加工过程,

2019 年 4 月,崔蕴在总装车间现场检查火箭管路法兰盘表面质量

比如为了了解贮箱，他就去贮箱加工车间旁观焊接，"知道怎么焊的，才能提出问题，发现隐患"。一枚火箭有几十万个零件，分派到不同型号的火箭上，加上发射条件不同，所有元素可以生出变幻无穷的排列组合，但无论怎么变，崔蕴都能轻松应对。"从长三到长八，都在我的脑子里。"崔蕴说。

四、转战天津

2014年起，长征五号、长征七号火箭进入了关键研制阶段，生产总装地点选在了天津滨海新区。全新的火箭、全新的队伍、全新的厂房……一切都是新的，如同白纸一张，要在规定时间内完成各项总装任务，挑战巨大，急需一位"领头羊"担此重任。此前，崔蕴一直负责新一代运载火箭的相关装配工作，同时兼顾装配操作指导，对两型火箭的总装有深入了解。综合来看，他是最佳人选。

公司领导对崔蕴说："爱动脑、善思考，技艺超群，技能、管理、工艺、调度都在行，新一代运载火箭总体装配带头人，非你老崔莫属！"

崔蕴当时已经过了知天命的年纪，家人也不放心，但是他想这可是新火箭啊，自己这是多大的运气才能赶上这种触摸新火箭的机会，所以，他跟领导说："拼了老命也要上。"

崔蕴的爱人自然不放心，因为她知道，别人去是迎难而上，拼的是体力，"可我们家老崔却是拼命呀！"老崔也是50多岁的人了，两次脑血栓发病，血压、血脂都高，以这样的身体去天津厂区干新一代运载火箭总装，风险可想而知。可是她也清楚，老崔太爱火箭了，甚至超过了对他自己身体的爱护。无法阻拦，爱人只有默默地为他收拾行装。

崔蕴像往常一样，跟爱人说了声"走啦"，就带着行李奔赴天津了。尽管说走就走，但崔蕴心里也挺不是滋味的，觉得挺对不起家里人。好多年了，家里有什么事都指望不上他，这辈子最亏欠的就是家人。

这一年5月，崔蕴卧病多年的老母亲，离开了他。崔蕴苦笑着说："说句不孝的话，老妈走了，我倒可以全身心地投入新一代运载火箭的研制工作了。"话是这样说，可又有谁知道一个孝子心里的痛苦。母亲卧病这些年，崔蕴每天不管多累，都要回到位于城里的家，就为了看一看老母亲，给她讲讲有趣的事，一直陪伴到母亲安然入睡，他才悄然离去。

崔蕴从北京来到天津滨海新区，担任天津航天长征火箭制造有限公司总装车间副主任、火箭装配工，身先士卒，从无到有，从小到大，开创我国新一代运载火箭总装总测工作新天地。

从此，夫妻开启了异地生活。从2015年到2019年，崔蕴每年在家中休息不超过10天。俩人每周一次的电话，常常是这样的："最近身体怎么样？降压药还够不？……""身体还行……先不说了，我这有单位的电话打进来，挂了……"

这样的情况不止一次发生，但爱人从来不怪他，因为知道他很忙。从他接下新一代运载火箭总装重任那一刻起，他的时间就不再属于他，而是属于工作。

天津火箭公司总装测试车间主任徐寅也没想到，还有机会和崔蕴在天津的新厂区再一次并肩作战。他们是老同事了，曾经在厂里总装车间一起工作了 28 年。转眼间，双鬓染霜，老哥俩都已经过了知天命的年纪。崔蕴总是开玩笑地说为了造新火箭拼了老命也要上。徐寅也说，老崔来天津不是陪我，他那是陪火箭。在天津航天长征火箭制造有限公司总装测试车间，徐寅抓车间全面管理工作，崔蕴管车间生产工作。

崔蕴的徒弟王津回忆说："当年我们车间是新成立的，基础设施很不完善，厂房是新的、设备是新的、员工都是刚入职两三年的，一下子要承担这么重的任务，大家都很慌。这时候，知道崔师傅要来 57 车间担任生产主任，大家都松了口气。因为大家都知道崔师傅那是从一名普通的火箭装配工成长起来的全国技术能手、独当一面的技能大师。"

但王津他们没有想到的是崔师傅是个急脾气，爱较真，有时候让大家不理解，不管是生产上还是技术上，明明觉得很不起眼的小事，到他那里就像捅破天一样，时不时就被他"吼一顿"，感到很委屈。崔师傅则通过他经历过的事情告诉大家，干火箭，交不起学费，尤其是新一代运载火箭，稍有闪失，就无法弥补。总装无小事，事事都关系成败。有时候崔蕴也自觉过分了，会给大家道个歉，但是道完歉，他最后总得说一句："别看我道歉了，下次你们再不重视，再犯这种低级错误，我照样骂你们。"时间久了，大家也就明白了他的一片苦心。

在王津的印象里，师父工作起来跟拼命一样。长征七号一级动力试车总装进入攻坚阶段时，崔蕴作为现场负责人，忙着协调、指挥，又得时不时地处理现场技术问题，工作强度特别大。有一天下午，因为连日来的满负荷工作，在现场大家看到他满脸通红，知道他血压肯定又上来了，都非常担心，劝他赶紧去休息，可他就是不走，还跟大家急了，"我走了谁看着！你们谁也别管我，谁再说就按消极怠工处理！"大家知道他的脾气，只好强忍住担心，更加卖力地干活，直到发动机完美对接，大家才松了口气。

2019 年 4 月，崔蕴在总装车间现场劳模和工匠人才创新工作室内为员工讲解长征五号运载火箭发射塔架构造

赶紧找崔蕴时，发现他正迈着灌了铅似的双腿，慢慢往门口走去。晚上，大家正在现场装管子，惊讶地发现他又出现在车间里。原来，他只看了个医生、拿了点降压药就又来了。

不是崔蕴不知道累，实在是任务重、时间紧。那段时期，长征五号、长征七号任务经常交替甚至叠加，必须依靠高强度的工作节奏，保证总装进度。那时，崔蕴每天早晨第一个来到单位，最晚一个离开。在总装最紧张的时候，50多岁的他常和年轻人一起奋战到凌晨两三点。大家劝他早点回去休息，可他每次都说："我再看会儿。"看着看着，就到了收工……他带头往前冲，年轻人也都跟着拼了。

有一次，长征五号管路需要做气密试验。由于使用的是大量吸入会引起缺氧窒息的氮气，且整个过程复杂，崔蕴放心不下，硬是和团队一起在气密试验岗位上坚守了近36个小时，直到试验合格的最后一刻。"他就是这样，心里满满的是火箭，一干起活来就忘记自己的身体了。"车间工艺员说。

2014年底，长征七号合练箭自天津港启程，目的地为海南文昌发射基地。鉴于首次海运无经验可循，海运过程中充满未知风险，情况复杂多变。为确保合练箭的安全运输，崔蕴克服自身健康不佳的状况，坐镇押船，历经7个昼夜，圆满完成了运输任务。同事们慨叹，老崔不易，一把年纪了还要在海上颠簸。但爱人却替他高兴，因为能守着他最爱的火箭，在海上过几天不操心的日子，对他来说是多么奢侈的幸福啊！

他爱人记得很清楚，自长征五号、长征七号两型火箭首飞以来，与脑血栓抗争多年的崔蕴，常常在北京、天津、海南三地之间来回奔波。有时，他会借着到北京中国运载火箭技术研究院开会的机会，顺道回家看一看。每次回家，爱人都会用笔在日历上做记号，记录他每年屈指可数的回家日子。2015 年到 2019 年，他连续创下 1 年在北京家中停留不足 10 天的"纪录"。

五、"后墙不倒"

"我们航天火箭总装人有一条别人没有的行话，叫'后墙不倒'，什么是'后墙'，就是火箭出厂的时间节点必须守住。"崔蕴说。

作为我国唯一一位参与了所有现役捆绑型运载火箭研制全过程的特级技能人才，崔蕴参与总装过的火箭已有 70 多发。然而面对直径大了一倍，95% 都是新技术的"长征五号"，过去总装传统火箭所采用的工具和装配方式，已经完全不能满足总装需求。

长征五号运载火箭箭体上有 5 万多个零部件，螺钉更是数目巨大、品种繁多，装配要求不一。任何一个微小的安装失误都可能导致火箭最后的发射失败。例如，"长征五号"的燃料贮箱体积增大，贮箱壁使用了全新的工艺和材料，壁厚最薄的地方只有 2 毫米，如果把一个贮箱等比缩小到一个鸡蛋大小，它的厚度只有鸡蛋壳的十万分之四。在装配时严禁触碰，其难度如同在薄冰

2019 年 4 月，崔蕴在总装车间参观大厅讲解新一代运载火箭研制历程

上跳舞，每一步都必须精准无误。

由于新一代运载火箭身躯庞大，使得常规的装配方式在其面前束手无策，国内并无先例可循。在众人一筹莫展之际，崔蕴却犹如破冰之舟，凭借数十载火箭各系统研究的深厚积淀，他独辟蹊径，提出了一个令人叹为观止的解决方案："只有旋转才能解决这个问

题。"徐寅为这个石破天惊的想法而震撼，然而，让一个重量高达20吨的庞然大物旋转起来，在众人眼中，似乎是一项无法企及的任务。崔蕴看出了他的疑虑，信心满满地说："放心吧，交给我，让我试试看。"

崔蕴全身心地投入这项研究中，每天来得最早，走得最晚。白天在车间里忙完型号工作，晚上他自己又在办公室里戴着老花镜画图，除了吃饭睡觉，满脑子都是这个庞然大物。看着他有些泛白的头发和脸上的皱纹，徐寅有些不忍，劝他悠着点，回去好好休息，可他却说："这群孩子们经验少，白天总装我还要替他们把关，晚上回去我也睡不着，我再研究一会儿就回去。"为此，崔蕴做了上百次试验，图纸和方案也改了无数次，甚至自行车的辐条原理也被他大胆借鉴到了二级火箭的滚转环安装当中。

整整两个月时间，崔蕴带领团队终于让这个庞然大物转了起来，攻克了大直径火箭装配的难关。人员在地面就可以进行各项装配工序，实现了多人多点同时操作，总装工作效率提高了两到三倍。通过每次定点定位的方法，他的团队还有效避免了在贮箱气密试验时不同点位过滤器混合使用带来的污染扩散危害。看似简单的管理逻辑，打破了传统火箭总装行业几十年的惯例。

在崔蕴和团队的攻关下，"树型尾段总装工作平台方案""滑轮组提拉芯一级方案"等方案相继提出，创新地解决了从内部管路气密试验到外部芯级箭体装配的一个个总装难题。

通过技术上和管理上的大胆创新，崔蕴带领团队有效保证了火箭出厂时间节点的"后墙不倒"。

而只有他们知道，这简简单单"后墙不倒"四个字的背后，靠的是日积月累的高超技艺，靠的是日复一日的刻苦钻研，靠的是危险面前不怕牺牲、舍我其谁的精神担当，靠的是"特别能吃苦、特别能战斗、特别能攻关、特别能奉献"的航天四特精神。

在火箭发射前的倒计时过程中，随时都有意外发生的可能，这就需要有人顶住压力，做好应急准备。每每这时，崔蕴都会主动站出来，请求去担任抢险队队长，用他的话说："干我们这行，容不得马虎，尤其是射前抢险，稍有闪失，都会付出血和泪的代价。这帮孩子还年轻，经验少，我带着点，也能放心。"就这样，他犹如"定海神针"一般，带领年轻队员在火箭发射塔架上恪尽职守，舍生忘死，每次都坚持到火箭发射的最后一刻。

2021年4月29日11时23分，长征五号B遥二火箭成功发射空间站天和核心舱，举国欢庆，振奋人心。但很少有人知道在发射倒计时前51小时的时候，发射队正面临着惊心动魄的尖峰时刻，发射任务险些推迟。

时钟拨回到4月26日夜，入场执行任务的第68天，长征五号B遥二火箭芯一级氢地面增压单向阀突发故障，两个串联阀门都不能实现单向密封，若不及时解决，燃料无法加注，发射势必受到影响。发射场的气氛骤然紧张起来，在这个危急时刻，崔蕴站了出来，给全体试验队员吃了颗"定心丸"。60岁的崔蕴进舱指导阀门更换，舱内空间狭小，环境恶劣，需要半蹲进行操作，他一蹲就是4个小时。

最终经过 16 个小时的连续奋战，顺利完成了阀门更换并测试合格，发射如期进行并取得圆满成功。

还有一次在海南发射场演练时，按照原来现役火箭的操作流程，助推器怎么也无法与芯级正常连接，现场部队和设计人员急得不知所措，向崔蕴求助。崔蕴在仔细分析后，凭借丰富的经验指出，长征七号火箭的助推器相较于现役火箭，其长度显著增加，导致重心不稳，因此，传统的装配方法不再适用，必须采取新的策略。随后，他迅速而准确地给出了一系列指令，使这一问题得以迅速而有效地解决。

近年来，崔蕴在车间工艺文件领域进行了深入的改革。他废

2019 年 4 月，崔蕴在总装车间现场检查员工工作日记

除了原先的工艺规程和质量控制卡片，转而采用更为先进的一体化工艺文件，并据此制定了一系列严谨的工艺标准。这些标准包括《CZ-3A 压接技术要求 CCAJY-16》《CZ-3 电缆压接技术条件 3CCJT8-4K》《Y22 产品外导体压接钳》《压接端子和接头总规范 GJB2647-96》《航天火工装置安全技术要求 QJ3198-2004》和《火工品包装、运输、贮存安全要求 GJB2001-1994》等。此外，他还制定了设计技术条件要求及相关的产品说明书，确保总装工作从技术和设计文件层面得到了全面、严谨的质量保证。

崔蕴还立足新一代运载火箭总装总测，跟踪国内外的最新动态和发展趋势，积极开展技术创新工作，不断推进车间的信息化、自动化、标准化进程。他引入了"虚拟现实技术"，强化员工能力培养，有效地提高了劳动生产率和产品质量；成功引入了自动化对接、总装自动滚转、三维工艺设计与仿真等先进技术，为航天行业创造了新的工作模式；通过以设备代替手工来保证产品质量，采用数字化、智能化方法，将自动化设备引入总装总测，解决总装总测过程中易出错、难操作的问题，攻克总装总测过程中涉及的配气技术、电连接器插拔操作可靠性、发射中电连接器自动分离可靠性等关键核心技术；先后设计并制造各类工装 30 多台（套）；在总装自动对接、管路等领域申报专利 6 项。

这样的技术攻关在崔蕴的工作中比比皆是。2017 年，崔蕴携其发明的"一种液体控量节流装置"参加德国纽伦堡国际发明展，获得银奖。

　　除了在国际大赛中获奖，崔蕴还多次被委派，代表中方与国外技术人员合作发射铱星。在发射铱星的八发火箭靶场操作过程中，他一直担任星箭对接中美联合操作中方指挥，他自己编写了吊装、对接、测量和测试操作流程，圆满完成任务。美方在评价时说，中国、美国和俄罗斯三方发射铱星，中国的对接操作技术是第一流的，用时也是最短的。这不仅彰显了崔蕴个人的卓越才能，更为我国航天领域赢得了国际声誉。

　　崔蕴还主编出版了《发射场工作及注意事项》《五年问题回头看》《总装总测通用基础》等系列培训教材，为打造专业技能人才队伍夯实基础。

　　熟悉崔蕴的人都说，他是为了火箭而生，对造火箭的痴迷无人能比。500多件装配工具他全能熟练运用，大到发动机，小到螺丝钉，把火箭的结构牢牢"刻"在脑子里。在同事眼里，没有他解决不了的问题。但了解崔蕴的人都知道，他赢在坚持，几十年如一日地钻研。用崔蕴的话说："就是魂牵梦绕，醒着、睡着脑子里都得是火箭。"

　　而这，也正是航天火箭总装人"后墙不倒"的诀窍。

六、锤炼铁军

　　崔蕴带领的是一支年轻的队伍，参加工作时间最长的不超过5年，最短的只有1年。他经常手把手地教这些总装新兵，细致到怎么拿扳手、拧螺丝、用钳子，每一项操作都必须严格遵守规矩。在他看来，一支队伍从建立之初形成的作风，决定了其今后的面

2019 年 10 月，崔蕴作为"大国工匠"年度人物受邀在北京参加新中国成立 70 周年阅兵庆典观礼

貌，"将来都是他们干，年轻人要接航天的班，现在不严不行"。为了培养团队成员严谨的工作作风，崔蕴进一步细化了车间的各项规章制度，从制度层面为团队成员提供了有力的行为准则。

在繁重的型号总装测试工作之余，依托"崔蕴国家级技能大师工作室"，崔蕴组织编制了总装技能应知应会多媒体教材，常年坚持开展各类专题讲座，定期在车间组织"大师讲堂"活动，力主将他个人的高超技艺转化为航天事业的集体财富。新一代两型运载火箭结构、整流罩合罩等一系列内容，他都毫无保留地教给了这群孩

用生命为国铸"箭"

——记天津航天长征火箭制造有限公司总装车间副主任崔蕴

子们。他同年轻人分享经验，不藏私、有耐心。崔蕴曾多次说过，要尽自己的最大努力将这些孩子们培养成为一批合格的航天人。他不仅在平时做好技术上的"传、帮、带"，还特别重视青年人的思想工作，定期组织大家学习党课，积极推荐新同志入党。在新一代两型火箭研发取得阶段性突破或成功，大家都欢天喜地时，他不忘提醒大家，新航天之路艰辛且漫长，不能因为一次两次的成功就沾沾自喜，飘飘然地觉得这项工作很容易，要严肃认真地对待产品，航天容不得半点马虎。当研制过程出现困境时，他一边积极寻找解决方案，一边也不忘给这些孩子们打气，让大家不要灰心丧气，他说："我们此时走过的是一片未知的领域，我们是新一代运载火箭事业的拓荒者，能够发现问题说明我们还有很大的进步空间。"

平日里，崔蕴身穿白大褂，大家都知道他口袋里有"六件宝"：老花镜、手电筒、卷尺、放大镜、望远镜和激光笔，这些都是用来严格检查和指导徒弟们工作的。在工作现场，只要事关火箭，崔蕴从不"网开一面"，为了火箭，他对徒弟甚是严厉。

崔蕴的徒弟张琳卿说："我工作 8 年了，一发火箭差不多 10 本工作日志，记到现在有 100 多本。师父经常检查笔记，如果他觉得你是应付了事的，可真是'翻脸不认人'。"对此，崔蕴经常语重心长地叮嘱大家："火箭总体装配这个行业犯不得错，一旦有失误的话，不仅给国家带来财产损失，还要付出生命的代价。"

事实上，崔蕴对徒弟严格，对自己更狠。崔蕴的徒弟王璐记得很清楚，那两年，为同时保障两个型号火箭研制进展，崔蕴从

101

海南飞抵天津后，又匆匆乘车来到北京。连续高强度工作1个多月，抵不住过度劳累，他满脸涨红地瘫坐在工作间的座椅上，极度虚弱的他在坚持交代完工作后，才肯回家休息。可没过两天，他就又赶来上班了。

多年以后，他在电视媒体采访中道出心声。崔蕴说："天津火箭公司的员工们太年轻了，我习惯把他们称为'我的孩子'。将来这片天地都是孩子们的，我唯一能为他们做的，就是尽快教他们扛起这份重任。我们都知道'总装无小事'，事事都关系成败，所以我对这帮孩子们要求特别严，说句不好意思的话，这帮孩子都是被我'骂'大的。这帮孩子赶上了好时候，但是新航天之路艰辛且漫长，我们是新一代运载火箭事业的拓荒者。习近平总书记说：'老一代航天人的功勋已经牢牢铭刻在新中国史册上。'而这帮孩子正在书写中国航天的新历史。我现在已年近花甲了，最大的愿望就是在天津新一代运载火箭产业化基地扎根干下去，和年轻人一起把中国未来的火箭梦变成现实。"

崔蕴对徒弟们的期望，王津深有体会。王津进入工艺组，做的第一个任务就是跟着崔蕴进行二级氢箱低温静力试验的总装。他第一次小心翼翼地拿着工艺方案去求教时，崔蕴耐心地向他讲解低温火箭箱内安装的注意事项，逐条逐段地讲工艺方案如何做细做实。讲完后，当王津要出门的时候，崔蕴又叫住他，对他说："工艺是总装车间的龙头，工艺工作的好坏直接决定了一发火箭的质量和效率。"这句话就像一把尺子，这么些年来，无时无刻不检验和督促着王津向更高的目标努力。

除了师父的严格，王津说师父还有另一面的温情："师父对我们要求异常严格，但是他又像家长一样，把我们当成孩子。春天风大，他总是不厌其烦地跟大家在现场和微信群里说'注意广告牌、不要走楼底下'；夏天他就关注是否有雨，提醒大家上班前关好家里的窗户，开车注意积水；秋天的早上我们还没起床，就被他发的微信吵醒了，'雾很大，大家开车一定要慢，路上不要着急'；冬天要大风降温了，感觉他比天气预报还早，提醒大家多穿衣服，骑车的一定注意保暖。车间里谁生活上有个什么事，他好像都知道，他经常对我们这些组长讲，'组员8小时内的工作要关注，8小时

2019年12月，崔蕴（左二）在总装车间现场为员工讲解火箭箱体滚转原理

外的生活更要关心'。"

王津还记得一件事。那是在 2012 年 7 月 21 日，北京遭遇 61 年来的特大暴雨。第二天是个周日，早上七点多，雨还没完全停，王津就接到了师父火急火燎的电话："赶紧来车间！我要了车，跟我去云岗！"王津都没来得及说句话，电话就挂了。王津赶紧穿上衣服拿上伞就往外跑。路上碰到了生产处主管杨程，才知道师父担心在户外临时帐篷里停放的二级氢箱，所以要赶紧过去看看。到了试验场地，发现帐篷的一角已经塌下来了。崔师傅什么也没说，就攀着还满是雨水的帐篷的柱子往顶上爬。可把他们吓坏了，赶紧去劝，可怎么都劝不住，只能跟着他往上爬。到了顶上，崔蕴带着他们弯着腰弓着身小心翼翼地检查设备状态，又给上级领导汇报情况。这一忙活就是 1 个小时，几个人衣服都湿透了，头上也全是水。从帐篷顶上下来，王津看见师父一屁股坐在湿漉漉的路边上，满脸通红，大口喘着粗气，他心里顿时不是滋味——师父的身子骨那可是受过重伤、做过大手术的。

回忆跟师父在一起的点点滴滴，王津动情地说："我们车间里这些航天的新兵，从入职那天起，天天都感受着他对航天的热爱和痴情，佩服着他技术的精湛和对细节把控的精准，体会着他希望我们青出于蓝胜于蓝的良苦用心。总装车间有他，火箭总装才能保质保量，我们有他，才更有信心。未来我们将承担更多更重要的任务，我们一定会在他的带领下创造更多的成功，也一定会把他的工匠精神一代一代传承下去。"

在崔蕴的"传、帮、带"下，一大批有能力、有朝气的青年技术、技能骨干脱颖而出。现在，崔蕴所带领的这支 163 人、平均年龄还不足 30 岁的青年团队已"打磨成型"，圆满完成了多次新型号的首飞任务，以及探月、探火、空间站发射等国家重大宇航任务，先后获全国五四红旗团支部、中国青年五四集体奖章等荣誉；其中，1 人被评为全国三八红旗手，2 人成为全国技术能手，3 人成为高级技师、1 人成为航天技术能手，确保航天事业后继有人、基业长青。

七、"倔老崔"

见过崔蕴的人都知道，他面目和善，不温不火。但熟悉他的人也都知道，老崔特倔，凡事只要和火箭有关系，他绝对要较真到底，要是影响到火箭总装的技术问题，他不惜和同事"嚷嚷一通"甚至"打上一架"，不为别的，只为他经手的火箭都能做到完美发射。

崔蕴自言性格倔，微信名就叫"倔老崔"。他说，这个"倔"是我这一辈子就干火箭，也是这辈子就只为干好火箭。

"干火箭，千人万人一杆枪，大家都围着一发箭转，一发火箭发射最多需要几百秒，但之前几年到十几年的设计、研发、制造时间却是分毫也不能少。"作为总装人，他时刻提醒团队成员，"虽然总装时都是按照设计图纸进行，但是图纸毕竟只是一张蓝图，很多问题只有在总装过程中才显现出来。总装不仅需要搞懂火箭上数千个传感器、把握设置程序，还要解决它们之间的电磁信号干扰问题。火箭在空中飞行要靠很多发动机相互作用，调节运行方向，确保火箭沿着轴线直线飞行，如果任意一点受力不均，火箭就会跑偏，上亿元就会化为泡影。因此，即使是一颗螺丝钉的安装，都要精益求精，确保准确无误。"

近年来，他带领团队完成300余项技术改革，有效支撑了火箭的安全飞行。在他的培养下，当年青涩的航天新人也正成长为团队的骨干，快速适应了新一代运载火箭紧张的研制节奏，并将总装、测试工作全部担起来。"咱们的长五、长七火箭，就是这帮刚毕业的孩子装出来的。"每次问及崔蕴最骄傲的是什么，他总是自豪地说起这帮"孩子们"。

崔蕴还清晰地记得，长征五号乙首飞成功，中共中央、国务院、中央军委专门发来贺电，说："你们为党和国家事业发展作出了卓越贡献，祖国和人民感谢你们！"看到贺电的那一刻，他感慨这次破局之战的成功来之不易，但更让他感动的是看到了新一代航天人的精诚合作和奋勇拼搏，看到了年轻党员的勇于担当和大局意识。看着这帮朝气蓬勃的年轻人，他就好像看到了中国航天的未来。

近些年，崔蕴获得了不少荣誉——全国劳模、"大国工匠"、全国五一劳动奖章，等等。但是崔蕴说，他感到最光荣的还是共产党员这个身份，这么多年，他一直为自己是一名共产党员而骄傲，更为自己是一名从事航天事业的共产党员而自豪。近年来，探月、探火、空间站、载人航天等国家重大宇航任务接踵而至，他为自己能参与这些重大任务而激动。就像习近平总书记给参与"东方红一号"任务的老科学家的回信中所说的："让中国人探索太空的脚步迈得更稳更远，早日实现建设航天强国的伟大梦想。"现在，他已到花甲之年了，但为了火箭、为了航天，他还要再拼一拼，在天津新一代运载火箭产业化基地扎根干下去，和年轻人一起把中国未来的火箭梦变成现实，不愧于共产党员这个身份。即便将来老得走不动了，他也要拄着拐杖到总装现场，敲着徒弟们的脑袋干……有首歌唱道"我真的还想再活五百年"，如果可以，他这把老骨头也想为中国航天再拼搏五百年！

魂牵梦绕，一生痴迷火箭；病弱身躯，担起擎天重任。2024 年，63 岁的崔蕴还没退休。他曾经许诺过，退休后要带老伴儿去游览祖国的大好河山。但他爱人心里清楚，现在的崔蕴还休息不了，航天事业还需要他去奉献一份力量。她知道，即使有一天老得干不动了，崔蕴的心也和火箭在一起。

陈兆海

| 开 篇 语 |

　　人生是一步步走过来的。我参与过很多重大工程的建设，作为一名测量工，主要任务就是将点和线测量好，这些点和线就是工程的"眼睛"。精确、精准、精益是做好测量工作的基本。反复练习就是我的"法宝"。把测量工作做好是我一生的追求。

陈兆海

| 人 物 简 介 |

　　陈兆海，男，1974 年 12 月生，中共党员，现任中交一航局第三工程有限公司技能专家。2012 年获"第四届大连市技术能手"荣誉称号；2014 年获大连市劳动模范称号，同年获"全国交通技术能手"荣誉称号；2017 年被评为辽宁省劳动模范；2018 年获得"第十四届全国技术能手""全国交建技术能手"荣誉称号；2019 年获"大连工匠""辽宁工匠"荣誉称号；2020 年被评为全国劳动模范；2021 年获评"大国工匠"年度人物。

▶ 一生只干一件事

——记中交一航局第三工程有限公司技能专家陈兆海

今年50岁的陈兆海,个子不高,全身皮肤黝黑,但他性格细腻,在自己的岗位上坚守了29年,干得一手细活。身为测量员,他的工作可谓是"工程的眼睛",他见证了祖国工业一步步发展壮大的进程。他的职位看似平平无奇,但他专注测量,将超小微量误差缩小至厘米级。他的眼睛就是尺,他是我国基建领域的一把尺。陈兆海对数据的热爱融于生命的每个缝隙,数据就是指间的风向标。他先后参与建设我国首座30万吨级矿石码头、我国首座航母船坞、我国首座双层地锚式悬索桥,凭借着自己精湛的技艺、优异的成绩和勤奋拼搏的工作劲头,展现了现代产业工人的新形象。

29年来,从"攻克悬索安装"到"高精度测量",他不仅精炼了"中国速度",更创造了"中国精度"。

一、苦涩童年，励志明远

　　大连，这座美丽的海滨城市，如同一颗璀璨的明珠，镶嵌在渤海之滨，散发着迷人的魅力。海风拂面，沙滩白如雪，蜿蜒的海岸线令人心醉。谁都知道，这里是人间的天堂，这里是宜居的好地方。如今，陈兆海将年事已高的父母接到了大连定居，让老人享受晚年的幸福生活，在他的心里，那是对父母的唯一回报。

　　1974年的寒冬，陈兆海出生在辽宁省大连市庄河市吴炉镇大陈村。父母以种地为生，父亲稍有文化，在耕种土地的同时，在一家企业做会计工作，挣钱养家。生活的困苦，造就了一家人的勤奋、团结、友善、和谐。陈兆海就是在这样的环境下慢慢长大。小学时期的他是乡亲们眼中的"孩子王"，总会有稀奇古怪的想法，领着同学跑遍了附近的山林，时不时动手做出一些让大人为之赞叹的手工作品，用泥土搭建房屋，用树枝编织帽子，用高粱秆编织蝈蝈笼子，一双小手十分灵巧。随着年龄的增长，有时，陈兆海会在傍晚看着村里唯一一条通向外界的路出神。什么时候可以去外面更大的世界看一看。这个想法在年幼的陈兆海心中扎下了根。

　　一次偶然，盖房子这件看似很普通的事却深深地吸引了陈兆海。为什么墙会这么竖直？为什么只用一根水管量出的地面会很平整？难道只是看得准确就可以了吗？当陈兆海跑回家向父亲提出这些问题的时候，父亲耐心解答，并告诉他这叫作测量，是一门很深的学问，等你长大了走出去，就会了解得更多。这句话陈兆海默默地记

在了心里，也更加坚定了他要走出大山的决心。

生活的抉择，往往是每个人必须面对的。人生的第一个转折点，对于少年的陈兆海来说是痛苦的，但现在想来，那是一种责任和担当，让他在无私的选择中，更加坚定了自己的意志，也促成了他一路走来的那份阳刚之气。

小学毕业后，陈兆海以优异的成绩考上了庄河市第三十中学，随之而来的却是艰难的选择，因为当时比陈兆海大 2 岁的哥哥正在市第一中学读高中。家里收入微薄，日子举步维艰，父母虽然辛劳，

2011 年 6 月，陈兆海（右一）在大连新机场项目现场指导测量

但父母最大的目标就是让孩子读书，读书是当时改变现状的唯一途径。

懂事的陈兆海看出了父母的艰辛，同时供两个大学生，显然早已经超出了这个家的承受能力。这时，一个同学的一句话让陈兆海下定了决心，做出了选择，那就是上技校。技校里可以学技术，掌握一门本领，出去能找工作，最关键的是可以给家里减轻负担。经过多方面的咨询和考虑，陈兆海选择了天津航务技工学校。

临行前的晚上，父母语重心长地说："做事不要怕吃苦，不要前功尽弃，半途而废。家永远是你坚强的后盾，去闯吧，如果累了就回来,家永远在这,家人永远陪着你。"

父母清楚地知道,陈兆海完全可以上高中,考大学。是因为孩子懂事才选择上技校。这件事一直藏在两位老人的心里。直到陈兆海参加了工作,两位老人才逐渐缓和了内心的疼痛。

陈兆海心里非常清楚,一家人都崇尚读书。哥哥考上大学的那段日子里,小山村都沸腾了。当时,外出读书,在贫瘠的小村庄是何等的荣耀,那是全村人的骄傲。当他再次走出家门,要到天津读书的时候,同样家家户户来祝贺。他高兴地离开了家乡。

第一次出远门的陈兆海看着天津市的繁华景象,肯定了自己的选择——到外面去闯一闯,看看外面的世界。从偏僻的小山村来到大都市,陈兆海大开眼界,也更加坚定了自己苦读学习的信心和决心。想起临行前父母那担心与期盼的眼神,想起与大哥约好比比谁更有作为的话语,想起乡亲邻里关怀的脸庞……"即使上的是技校,我也一定要闯出一番作为。"这便是陈兆海对自己立下的誓言。在选择专业时,他毫不犹豫地选择了测量专业。

懂事的陈兆海在学校省吃俭用,哪怕是一分钱,只要能省就省。因为他知道父母面朝黄土背朝天的艰辛。同样懂事的哥哥,在他们上小学的时候,天蒙蒙亮就带着他钻大山,雨后的山里会有很多蘑菇,每次两人都会采来两大筐。吃不完的蘑菇,母亲就装在大缸里,一层蘑菇一层粗盐,腌制存放,有了好价钱就卖掉,换回钱留作学费。陈兆海说过,椴木树下的蘑菇口感好,价钱高,松树下的蘑菇口感差些,价钱低点,有时为了找椴树蘑菇,要跑老远的路,就是想多卖点钱。现在想来，那满满的都是回忆。

在天津读书的时候，让陈兆海没有想到的是，有一次哥哥竟然到学校去看他，这让背井离乡的他感到了莫大的幸福。有时假期为了省钱，他都不回家，而去工地干小工挣钱。哥哥带他去了饭馆，这是他到了天津之后，第一次吃上正宗的天津菜。老爆三，这道菜他如今回想起来仍然觉得是世间的一道美味。哥哥的鼓励，让他更加懂得了学习知识的重要性。

书信往来，传递着兄弟二人的情谊，更多的是在点亮这个家庭的希望。

在校学习期间，陈兆海积极参加实践活动，脚踏实地学习，刻苦钻研，考评成绩也每年名列前茅。毕业时他以出色的成绩顺利进入中交一航局第三工程有限公司，成为一名测量员……

回忆艰苦的岁月，陈兆海总是笑笑说，那是历练的过程，是我一生的财富。面对如今的工作，用他的话来说，自己的经历十分简单，29年来只干了一件事，就是"量点和线"。陈兆海口中简单的点线工作，却能创造不简单的成就。荣誉来自夜以继日的勤学苦练，来自对每一次经验教训的认真积累和总结进步。作为大家公认的行业技能专家，陈兆海测量又准又快。面对重大、紧急项目，他总是勇于承担任务最艰难、工期最紧张的那部分工作。

二、亲情如天，心存亏欠

爱情是甜蜜的，可对于陈兆海来说也是苦涩的，苦涩中带着丝丝甜蜜。

1995 年 6 月，21 岁的陈兆海从天津航务技工学校测量试验专业毕业后，就来到现在的用人单位——中交一航局第三工程有限公司实习。刚开始实习，他跟着师父爬吊放在海上的圆筒沉箱，每天早去晚归，午饭就在船吊上"将就"。一开始，他害怕爬绳梯，四肢紧绷、心跳加速。经常在野外工作，夏天没遮阳，晒一整天；冬天没遮挡，冻得浑身哆嗦，双腿打战。他当时一度动摇，觉得从农村走出来又回到了野外。因为艰苦，身边的人一批批地离开，是师父赵振国的鼓励和信任给了他坚定的决心。当他再次被分配到公司第六项目部时，部门用的是当时最先进的全站仪，因为仪器珍贵，他只能为师父做记录，看久了他就偷着学。一次现场着急要数据，正好赶上师父不在，他就大胆尝试了一把。第二天师父回来，虽没表扬他，但把仪器扔给了他，这一扔就是十年。测量这个行业最早能上手看仪器的学徒也得有三四年的时间磨炼，而他当时只用了半年的时间。

让他扎根下来的不是一时的成就感，而是他发现，无论干哪行，只有技术技能和实践经验都能站稳脚、干精致，才能将工作干好。他默默立志要成为最出色的测量员。

工作虽然稳定了，但是婚姻大事，已经让父母坐立不安。其实，当时在当地有个说法："好女不嫁航三郎。"常年在野外施工，与外界联系少，这种聚少离多的日子，让好多女子望而却步。陈兆海在工作上渐入佳境，有着一种更高的想法和追求，年迈的老父亲看陈兆海自己对婚姻大事不上心，就出面张罗相亲事宜。在大连矿石码头施工的关键期，父亲打电话让陈兆海回去相亲。现在回想起来，陈兆海憨憨地说，当时既高兴也犹豫，因为之前别人给介绍了几个姑娘，都是因为工作的原因，没有谈成的，自己的心里多少有了畏惧。

父亲强硬要求，必须回去。陈兆海不想浪费时间，与姑娘见面时就把长期在野外施工等事情全盘托出。这反而让姑娘感觉陈兆海的是个实在人。原来这个姑娘的父亲和陈兆海的父亲是老朋友，彼此熟悉。这也为后来的爱情打下了基础。

1个多月后，姑娘有了手机，两个人每天晚上就在电话里聊生活、聊工作，这让沉闷的陈兆海精神了许多，尝到了爱情的味道。

可是中间还是出了问题，差点将这桩婚事搅黄了。当时，陈兆海已经当了班长，每天要统筹好工作计划和工作进度。他感觉自己肩上的责任更重了。班长虽然不是啥官，但那是领导的信任，陈兆海工作起来更加努力，有时候要忙碌到深夜。可家里这头，老父亲坐不住了，两个人都谈了快一年了，应该操持结婚了。陈兆海的父亲竟然主动找到姑娘家谈论起结婚的事。姑娘知道后，认为结婚是两个人的事情，和老人没有关系，和陈兆海闹起了"意见"。陈兆海很珍惜这次的感情，耐心跟姑娘解释，老人也是好心。最后搬出了未来的岳父才解决。这件事后，两个人的感情更稳定了。

陈兆海31岁那年，迎来了他人生的一件大事——结婚。每每回忆恋爱时期的经历，他会腼腆地说，爱情看缘分，我们的爱情就是一段生命之中两两相惜的故事。她操持家里家外不容易，我亏欠她的太多了。

　　陈兆海总会想起那一天。"爱人临近生产，我在香炉礁船坞项目现场忙得不得喘息。接到爱人让我回家陪产的电话，我只得直接拒绝了。她在电话那头泣不成声，我却因徒弟来请教问题匆忙挂了电话，无暇去哄。"项目上经久无日夜，忙里偷闲，他每每想起当时的情景，都是无比愧疚。当年婚礼上相携一生的誓言犹在耳畔，却连生产这样的大事都无法陪伴，妇人的鬼门关，没有亲身陪她闯一闯，徒留她孤立无援。每每听妻子说那天她有多疼、情况有多险，陈兆海都心疼得喘不上气。他说，自己不是个好丈夫，尽管爱人多次说不怪他，却还是难消心头的愧悔。只能希望退休后，能携老伴

2012年，陈兆海（左）在临空产业园项目部现场给徒弟讲解图纸细节及注意事项

儿四处游历，填一填这些年不曾陪伴的空白，算作弥补。

他也总忘不了那一次。久未归家的他休假时，被爱人唤去接幼儿园的儿子放学。他站在园外，看着那个"小萝卜头"蹦蹦跳跳，站在他身边东张西望，却不来牵他的手，脸上也没有突然见到爸爸的惊喜。"儿子竟是认不出我的样子了！"这个顶天立地的男人，在那一瞬间竟红了眼睛。他没有亲眼见证儿子的出生，没有全程陪伴他成长，甚至都没有好好抱过他，又怎敢期待儿子一眼就认出自己……

他记得许许多多的往事，许许多多让他惭愧、后悔和想要竭力弥补的瞬间。"我可以对工作事无巨细，却无法坦然面对自己的家庭，为人子、为人夫、为人父，都是不称职的。"讲起这些的时候，空气有一瞬的静默。他的酸楚和愧疚似要从眼睛里冒出来。

前行路上，总归是要有那么一件从头到尾且坚持不悔的事情——把绝大部分精力投入工作中，他说不后悔，可哪里有说得这般轻而易举啊！只是负疚前行的他也从来不曾更改。

"愧对家人的，等我退休了，会用漫长的岁月弥补，这次一定说话算数，请我的家人，再等等我。"陈兆海信誓旦旦地说。

人生的选择如果可以重来，他还会选择自己的职业，把职业放在首位。对于家人的理解和包容，他了然于胸，生活的点点滴滴，就像一根丝线牵着他。父母虽然被接到了大连生活，但是不能尽孝在床前，依然是他心中的痛。

他记得那一年——武汉管廊项目施工正值关键时期，父亲病重

他却不知，家人怕扰了他工作，报喜不报忧，将病情瞒了下来。等他察觉不对便立即回程，见到病床上浑身插满管子的父亲时，那一刻，心底里的悔恨和自责冲刷了眼眶，大颗的泪珠淌了满脸。为人子女，不能尽孝床前，还要父母为他的工作做出诸多迁就。他伏在病榻前泣不成声，父亲颤巍巍抬起手，抚了抚他的头："爸没事，已经见好了，你在外头吃苦受累，家里的事儿不能给你添负担……"他嗫嚅半天，呜咽出声："爸，等病好了，我带您去看武汉长江大桥！"项目耽误不得，父亲病情稍稍稳定，他便狠下心回到工地上，继续心无旁骛地投入忙碌的工作之中。

不舍吗？不舍得，可是不得不舍！

三、精准精益，追求探索

"干工程测量就一个要求，精！"陈兆海如是说。

2004年，大连港30万吨级矿石码头工程进入大干阶段，陈兆海所在的测量团队肩负起基床抛石检验的重任，检验要求标高精度20厘米。

向来追求高精度的陈兆海决定亲身挑战。由于当年还没有使用卫星导航系统，工程所处地区海况又十分恶劣，水深30米，流速1米/秒，全站仪这些高端仪器无法适用于这种水深流急的外海施工。既要满足水下抛石的精度，又要满足施工进度，这看起来几乎不可能实现。就在大家一筹莫展的时候，陈兆海忽然想起了一个老法子——"打水砣"。这种方法简单来说就是用来测定水底点至水面的高度，但受水流、水深及尺身形变等因素影响，测深读数时间必须在水砣触及海底的2到3秒内完成，最佳读数时间不足1秒，这是常人所难以企及的。为了在1个月仅有2次的大潮中安装更多沉箱，陈兆海常常一连几天吃住在海上，最长一次在沉箱上待了26小时。40多斤的"测深水砣"，每天要扔上百次，而且要追着海流一路小跑出去。深冬，冰冷狂暴的海风打在身上，眉毛和胡子结满冰霜，溅起的海水将衣前襟冻成"冰甲"，可陈兆海手里的水砣依然一遍遍地扔起、落下。他把所有工闲时间全部拿来练眼力和反应速度，硬是把一整套快速读数方法练成了条件反射，创下了靠人工测量方法将沉箱水下基床标高精度控制在 10 厘米内的奇迹。每一项工程的完结都为下一个工程做好了技术分析和问题解决的铺垫。

歌德说："所谓真正的智慧，都是曾经被人思考过千百次；但要想使它们真正成为我们自己的，一定要经过我们自己再三思维，直至它们在我个人经验中生根为止。"歌德的这句话，让我想到的就是陈兆海，他的智慧发明和对工作的执着，都凝聚着他的心血和思考，每一项工程的顺利完成，不仅是成功的喜悦，更是记录着艰辛和奋进。

脚踏实地，尽心尽力尽职尽责地做好每一天的每一项任务，相信平凡的工作也能创造辉煌。他正用精益求精诠释着对测量工作的执着与热爱，用拼搏奋斗缔造着他平凡人生中的非凡。

对技术和工艺的不断创新一直是陈兆海心里想着的最大的事情。让海底隧道用上了三维"B超"，是他工作多年最快乐的事情，工作中取得的成功，让不善言辞的陈兆海心里乐开了花。

四、科技创新，突破常规

创新是人类社会发展进步的必然过程。大到一个国家、一个民族，小到一个企业、一个人，缺乏创新精神，注定一事无成。好的思路好比一颗火种，星星之火可以燎原，在不断探索的过程中，积淀成实践与理论相结合的宝贵经验和资源。陈兆海就是一个敢于钻研的人，一个爱琢磨的人，他的琢磨往往是有方向的，那就是解决测量中的难题和进行"小发明""小创造"。很多熟悉陈兆海的人都说，他的脑子是三维的，装的最多的是测量的数据和测量新技术的应用。

陈兆海曾经深有感触地说："创新的前提是你掌握了你熟悉的工作，以探索的眼光寻找每一个兴趣点，以不厌其烦的态度面对每一次实验。你就会发现创新的课题无处不在。"

在不断追求的道路上，陈兆海劳模创新工作室于 2017 年 6 月成立了。挂牌伊始，陈兆海劳模创新工作室以建章立制为抓手，第一时间编制出台《工作室管理办法》《三年发展规划》《测量人才培养计划》《工作室成员岗位职责》等一系列工作制度，对工作室的职能定位、责任分工、发展导向及相关考核标准进行了系统梳理和规范，快速构建起一套权责关系明确、工作流程明晰的管控体系，并在实践中凝练出了"劳模精神、薪火相传"的工作室宗旨。

陈兆海带领团队将克服工程测量施工难点和测量人才梯队建设作为调动发挥工作室创新示范作用的着眼点和着力点，通过有的放矢地开展各类专项攻关、帮带培训，将劳模创新工作室真正建设成为推动测量技术创新、助力测量人才成长的"加速器"。由他与其他 6 名测量施工骨干担任核心成员的测量技术攻关团队，出色地组织完成了 50 余项重点工程的测控任务。从全国首座双层地锚式悬索桥——星海湾跨海大桥工程，到国内首例在严寒海域建设的跨海沉管隧道——大连湾海底隧道工程，陈兆海劳模创新工作室始终坚持以重点工程项目为依托，聚焦测量施工难点，着眼业内前沿技术，深挖自身潜能，学习先进技术，多项技术成果在重点工程建设中发挥了不可或缺的作用。

多波束测深系统在港口与航道工程水下工程中的应用。以往单波束测深的误差普遍在 ±20 厘米，多波束结合甲板单元安装改进进行水深测量，使测深误差缩小至 ±3 至 ±5 厘米，这为基础挖泥标高控制及方量核算提供了有力的数据支持。以超挖超深计算，依据多波束测量的数据对大连湾海底隧道沉管主线基础进行挖泥，可控制挖泥超深量 450000 立方米，为项目节约资金 1935 万元。

多波束测深系统，是一种多传感器高度集成的测量系统，针对大连湾海底隧道主线水下地质情况复杂的情况，通过测深系统生成

2017 年，陈兆海在大连湾海底隧道项目现场测绘

2020 年 8 月，陈兆海（左二）在船上研讨海上测量

水下三维地形图，精确分析礁石的位置与形态，提升测量精度到厘米级，为海底隧道建设稳步推进提供了有力保障。同时，取得实用性发明专利 2 项，厘米级多波束的研究荣获公司科技进步奖三等奖。

精密三角高程测量技术是一种利用两台高精度全站仪进行对向观测的测量技术。项目团队引用精密三角高程测量技术的原理和方法，结合水运工程具体应用，为水运工程测绘工作开展提供新的解决方案，形成创节价值 100 余万元。

连续运行基准站网络系统单基站利用网络传播模式替代传统电台发射，扩大流动站的作业范围，有效覆盖方圆 30 千米，定位精度达到厘米级，单次应用便可为项目节约成本 30 余万元。

精于工、匠于心、品于行，陈兆海言传身教，以实际行动践行着工匠精神，培育出一批青年匠才。如今，陈兆海的弟子已遍布公司所承担的境内外重大工程。

持之以恒逐匠梦，倾囊相授传匠心！陈兆海依托劳模创新工作室，将年轻人才聚集研讨，在理论与实践中碰撞，他也在理论领域不断取得突破。经过几年的实践，工作室已建设成为推动企业测量技术升级的核心驱动，成为测量人才教育培养的重要平台，更成为新时代"航三人"勇于攀登、追求卓越的精神坐标，他们用行动诠释出新时代产业工人的别样风采与无尽活力。

陈兆海在实践与理论的结合过程中，着力解决项目测量施工重点、难点的技术攻关与实施问题，进行测量新技术的引进、研发、推广及相关的科技创新工作，参与基坑监测平台、数字化测控管理平台等系统的研发，并配合公司新建项目前期的测量策划及控制网复测等任务。

公司科信部进行A、B类项目测量监督检查时，陈兆海和团队提出测量在施工中存在的问题及解决办法；同时，结合项目测量的特点推广新工艺，提供测量管理的相关技术支持。

一分耕耘一分收获，2023年，陈兆海带领的团队中，2人通过高级工、2人通过技师、3人通过高级技师技能等级认定；同年，他积极组织所在公司测量人员参加辽宁省第一届职业技能（工程测量员）大赛和大连市海员交通建设工会工程测量工职业技能竞赛，经过努力，测量团队荣获辽宁省第一届职业技能（工程测量员）大赛铜牌，大连市海员交通建设工会工程测量工职业技能竞赛综合成绩 1 人第二名、3 人 "优胜选手" 的好成绩。

五、玉磨鏖战，载誉归来

对于陈兆海来说，中老昆万铁路的建设是他这一生都难以忘怀的，那是一段人生中不可磨灭的记忆。中交一航局承建的中老昆万铁路玉磨段 19 标全长 27.5 千米，桥隧占比 98.8%，为全线施工难度最大的标段。历时 5 年，建设者们在一次次将不可能变为可能的探索实践中，战胜了被称为 "地质博物馆" 的复杂围岩与热带丛林的险恶环境，熔炼了顾全大局、赤诚无畏、实力强劲的项目团队，培育了 "坚持、坚守、不放弃" 的精神信仰，取得了曼木树隧道贯通、项目全线通车的圆满胜利，书写了一段战斗玉磨的 "中国奇迹"。

铁路玉磨段是 "一带一路" 重点项目，也是我国修建的首条穿越热带雨林的标准铁路。2016 年，承建玉磨第 19 标段的一航人走进了滇南群山，在雨林深处安家落户。他们需要用 5 年的艰苦施工打通西南省区互联中南半岛的国际铁路大动脉。陈兆海完成手头的工作后便主动请缨，钻进了大山。

陈兆海到达玉磨时正值酷暑。测量工作是施工的第一步，漫山遍野、崇山峻岭，根本没有一条路，他们只好带上砍刀，砍出一条路；没有任何的参照物，只有简易的图纸。有人说，陆地测量比水下测量容易，其实各有各的艰难。和陈兆海一起参加中老昆万铁路测量的同事感触颇深，那段时间，可以说是身处 "魔鬼时空"。蚊虫叮咬在这里都算是小事，有一次，陈兆海刚刚架起测量仪，汗水顺着脖子往下淌，他调整好位置的瞬间，就听见一人多高的草丛里，发出嘶嘶的声响，由远及近，愈发清晰。远处的同事也听到了，便大声喊"有野兽"。就在陈兆海转身的瞬间，一条巨蟒风一般地冲向了他。他下意识地俯身，却被藤蔓绊住了脚，整个人便顺着山坡，碾压着杂草滚了下去。随行的三个同事只能站在远处，呆呆地看着陈兆海被杂草吞噬。寻找他的一个多小时，是同事们最煎熬的时候。陈兆海苏醒过来的时候，浑身酸疼，身上擦破了皮。虽然他并没有大碍，但是那一次热带雨林的历险经历，时常出现在他噩梦中。

这片红层低山丘陵地区，地形复杂得就像一个巨大的迷宫。山

2020 年 8 月，陈兆海（左一）在大连湾海底隧道和光明路延伸工程施工现场开展测量

高坡陡，树林茂密，像是大自然故意设置的一道道难关。全球导航卫星系统（GNSS）信号在这里极差，就像在和他们捉迷藏。为了保证控制网的精度，陈兆海和他的队友们不得不延长观测时间，每时段都不小于 120 分钟，还要根据观测条件不断增补。即使汗水湿透了他们的衣衫，模糊了他们的视线，他们也毫不退缩。

水准测设从相邻 18 标段的公用点起测，他们自小里程向大里程 20 标段分段进行往返观测，一步一个脚印，执着地向着目标前进。尽管西双版纳的山险、林密给测量工作带来了巨大的阻碍，但他们相互帮扶，坚定地走完一站又一站。这项高程控制网复测要求极为严格，需达到二等水准精度。水准线路沿用建网方案，在往返测总长约 180 公里的路程中，分布着 40 个高程水准点，其中包括 10 个设计交桩水准控制点和 30 个加密水准点，以高精度的测量保障隧道的顺利贯通。

整个复测工作被精细规划，计划在 52 天内完成。现场交桩用了 2 天，全球定位系统复测耗费了 10 天，水准复测则用了 30 天，边长检测也花了 5 天时间。

陈兆海和他的团队深知每一个阶段的重要性，他们全力以赴，不敢有丝毫懈怠。每一个数据都关乎着工程的质量和进度。陈兆海仔细勘察着每一个隧道口，不放过任何一个可能影响施工的细节。他用手轻轻抚摸着那些岩石，感受着它们的纹理和温度，就像在与大地对话。他精心进行施工便道选线，反复斟酌每一个方案，力求做到完美无瑕。他那严谨的态度，让每一个与他共事的人都为之敬佩。

虽然十分艰辛，但回望那段经历，回望一航人用心印刻在西双版纳高山河谷间的拼搏岁月，陈兆海依然十分自豪，他与众多参战的施工人员创造了奇迹。面对全球罕见的高地应力顺层偏压围岩、隧道内"七高三突"的极端恶劣环境、五十年一遇的特大洪水、遍布地质风险的施工便道……他们用雨林深处的无私奉献彰显了一航赤子矢志不渝的使命担当。

曲剑先生曾作《沁园春·通途》以示纪念：

海隧铁路，北有大连，南有玉磨。

看惊涛骇浪，波澜壮阔；

崇山峻岭，高耸齐天。

翻江倒海，搬山卸岭，惟愿天堑变通途。

待明日，望神州大地，通衢达道。

祖国大好河山，聚无数豪杰共患难。

忆天海造地，血染南海；

深水码头，泪洒北岛。

斗转星移，月夜驰援，一带一路系两岸。

时境迁，望不负韶华，就在今朝。

六、精准数字，一生"伴侣"

自从事测量工作开始，陈兆海一直在筑港、建坝、修路、架桥的第一线摸爬滚打。

"因为一直从事测量工作，我跟点、线、面这些数据总是有着千丝万缕的关系，一串串的数字印证了一路走来的艰辛和喜悦。"
他曾经将记录的十几万个数字当作自己工作中的"伴侣"。

　　陈兆海不知道自己的幸运数字是多少，但是他对于"0""5""120"
"1107"却有着深刻的记忆。这些数据渗透在荣誉的背后，流淌在他
职业生涯的瞬间，那是汗水的培育，是科技精准的见证，也是人生跑

2020 年 11 月，陈兆海在大连湾海底隧道和光明路延伸工程施工现场进行测量

道上的足迹。

我们来听听陈兆海和数字的故事。

第一个数字是"0"。

陈兆海说，刚参加工作时自己是一张白纸，从头学起，坚信自己的未来不是梦。都说万事开头难，因为开头本身就意味着一切从"0"起步。陈兆海与测量工作的结缘不是偶然。对于大多数人而言，每天上班坐在办公室里是最好的工作，风吹不着，雨淋不到。但性格使然，他坐不住，就想着到施工现场去搞测量，觉得那样才有意思。怀着这样的想法，他从天津航务技工学校测量专业毕业后，就开启了自己的测绘人生。

为什么他说当初的那个想法比较稚气，因为后来所处的工作环境并不像他想得那么简单。不知道大家有没有听过"夏天一身汗，冬天两头寒"，这是一句在测量行里广为流传的顺口溜。因为测量常年需要在户外作业，全靠两条腿到处跑，经常是跋山涉水，顶风冒雨，工作过程既艰苦又枯燥，有时还会有危险。

他还记得实习那会儿被分配到大窑湾成品油码头项目，每天早上爬绳梯到圆筒沉箱上作业，跟踪监测浇注时模板情况，用水准仪一层一层找平、校核。从早盯到晚，午饭都在沉箱上吃，烈日当头暴晒，没有一个遮阴处，环境十分艰苦，心里时不时就想打退堂鼓。但是家里人、同学、邻居都知道他在大国企工作，要是真因为吃不了苦跑回去，可就太丢人了。他牙一咬，索性坚持干吧，可这一坚持就是 4 个月。当他看见栈桥一个个严丝合缝地安装好，最终贯通的那一刻，整个人都沉浸在了自豪和成就感中，感觉之前一切的辛苦都在这一刻烟消云散了。

零起步、零实战经验的他，第一次为自己的付出感到骄傲。从那时候起，他对测量工作愈发有干劲了。

常言道：师父领进门，修行在个人。对陈兆海来说，师父赵振国是他最感恩的人。在当时，他的师父可谓是公司的"测量大拿"，他愿意接受这个初出茅庐的徒弟，是陈兆海的荣幸，也是陈兆海最骄傲的事情。因为师父的领路，才成就了如今的"能人"。

那时，由于测量仪器全站仪比较精贵，刚毕业的生瓜蛋子是没机会上手的，陈兆海主要工作是给师父打下手，做好记录。每次看到全英文的操作界面，他都会问自己："我能行吗？"在这种既激动又忐忑的心情下，他认真记录着师父的每一个操作步骤，并且暗暗地熟记于心，随时准备着有机会上手操作。为了尽快掌握测量技术，他白天追着师父问这问那，晚上反复在脑海中"过电影"，逐渐熟悉掌握了测量仪器的使用方法。也就是在那段艰苦的日子里，他对测量工作萌生了兴趣，有了全新的认识。

机会总是留给有准备的人。有一次，现场施工人员急着要一组测量数据，在大家的期盼和催促下，陈兆海扛起全站仪就奔向现场。那是他第一次独立完成测量，当时真的很紧张，就怕出错，反复测量计算了几次才把数据报上去。原来师父其实是故意躲开了，想考验考验他。别人和师父打赌，说陈兆海的技术还不行，师父当时也是拿不准，就假装外出，结果令他十分高兴。正因为这次表现突出，陈兆海获得了单独使用仪器的资格。所以在测量道路上，他的信心和坚持都是师父给的，而这仪器一扛就是29年。

第二个数字是"5"。

南有港珠澳，北有大连湾。和港珠澳大桥不同的是，大连湾海底隧道工程是我国在严寒海域建设的首条沉管隧道，没有任何可以借鉴的经验。但陈兆海带领的团队的测量工作精度需要对标港珠澳大桥，实现超差精度5厘米以内。

为了实现这一目标，陈兆海一边向专家、教授等诸多测绘领域的知名学者学习、取经，一边将专家指导意见与现场施工实践有机结合。同时，联合一航局公司技术中心共同攻坚，围绕"多波束测深系统扫测代替传统水工隐蔽工程验收方式"课题展开研究。

但理论必须结合实际。从设计图纸看，海况地质十分复杂，多礁石多溶洞。而首次水下扫测数据与现有基床整平验收数据比对相差达10厘米。当时测量队还停留在使用二维单波束测深系统上，一条小鱼吐出的泡泡都会影响测深结果，导致精度和速度不达标。设备和技术当时找分包可以实现，但一年光租用设备就要40万元，关键技术还受制于人。没有等出来的成绩，只有干出来的成果。为此，陈兆海前往设备生产厂家调研，还去港珠澳大桥项目和深中通道项目现场学习。多番奔走后，引进了第一套可以三维扫测的多波束设备。

海底隧道施工环境远不如陆上安稳，风浪颠簸是常态。这对于需要严格依照水平和稳定的几何关系开展测量的多波束设备而言，极大影响着数据的精准性。设备是死的，但人是活的。经由折叠伞的启发，他和团队研究提出为多波束系统的五个分部仪器定做连接架。仅用了 4 个月的时间，材质从角钢、镀锌铁管到不锈钢方管，支架的长度从 3 米、2.7 米再到 2.5 米，多次改进后，终于研发出一款可拼接、适合任何船型的拆卸式连接架，让仪器长出了抓住船舷和站稳海底的"手脚"。单波束 6 小时的工作量，使用多了手脚的多波束设备仅需 30 分钟，且超差精度达到了 5 厘米。"所以只要你想干，没有干不成的事！"这是建设以来给陈兆海最深的感受。

第三个数字是"120"。

2013 年，陈兆海参建大连星海湾跨海大桥工程。主桥施工中，为保证大桥"两塔三跨"受力均衡，对悬索安装的精度要求极高。每次组织测量放样，陈兆海都要带头爬上 120 米高的索塔顶部进行作业。由于施工海域离岸超出 1 公里，就算风平浪静，高耸的索塔也是摆动不停，赶上季风天气，站在塔顶更是战战兢兢。站在塔顶首先要克服恐惧心，当时，他心中装满了任务，一咬牙，就挺过来了。

在大桥施工的 300 多个日夜里，无论是寒风凛冽还是烈日当头，只要是工作有需要，陈兆海都会冲到塔顶，一干就是两三个小时，为此他们还给陈兆海起了一个比较洋气的外号——索塔上随叫随到的"蜘蛛侠"。他们在百米高空布设下无数点线，保证了所有悬索安装均一次性完成，也为国内类似工程施工积累了宝贵经验。

第四个数字是"1107"。

2020 年 3 月，新冠疫情集中爆发，吉林省疫情防控压力陡增。

3月13日，一航局临危受命，接到中交集团紧急指令，援建长春兴隆1107套隔离方舱医院。3月18日，项目建设正式开工。3月19日，陈兆海连夜做完核酸检测后，立即带领7名测量人员赶赴一线现场。

1107套隔离方舱，总占地面积约9.2万平方米，涉及基础工程、给排水工程、暖通工程、电气工程等。这对于他们的测量团队来说，

2020年11月，陈兆海（右）在光明路隧道勘察

压力前所未有。为保证工期要求，团队夜以继日，不仅要做好基础整平测量，还要对箱体安装、给排水、管线、变电箱等其他附属设施位置进行精准测量。建设前期，现场电力并不充沛，夜间测量时，他们常常要"借光"行动，车上远光灯、挖掘机灯光，甚至是手机手电筒光，都是他们的光源。在工期最紧的时候，他们每日工作时间长达19个小时，饿了就在临近的车内吃上一口，累了就索性在车内打个盹。东北凌晨3点的夜晚，寒风里夹带着雪花，陈兆海那只见风流泪的右眼，流下的泪水经常就挂在脸上。很多时候特别不容易，但真的没办法。3月28日，在所有人的齐心合作下，1107套箱体框架安装全部结束，节点如期实现。他们也总算松了口气。在项目建设后续工作中，他也会在忙完手头测量工作后，帮着工人一起做做自己力所能及的事儿，收拾现场垃圾，搬搬工具……除了其他他不懂的技术活之外，只要是能帮上忙的，他都会认真去做，只要是涉及施工的，他觉得都是一种使命。

现在回想，他觉得当时那些困难都不算什么，看着大家都冲在一线，他心里其实挺感动的，也不觉得累，咬着牙也必须做好手里的工作；反倒是后来放松下来的时候，浑身开始觉得疼了。

那段时间，他其实还埋藏了一个善意的谎言。虽然援建方舱医院是件值得骄傲的事，但从奔赴一线到后来的隔离，他始终瞒着年事已高的父母，即便他们追问起来，他也总是用"我在项目上呢，一切都挺好的"来搪塞。可能大家看到的陈兆海，是全国劳模这些附加的身份，但对于他自己来说，他就是一个普通的测量工人、一

一生只干一件事

——记中交一航局第三工程有限公司技能专家陈兆海

个儿子、一个父亲、一个简简单单的人。

陈兆海总是说，一个人能把自己的爱好作为一生的职业是件幸运的事。就像 29 年前，他到工地的头一天，师父问他："工程测量很辛苦，你喜欢这个活吗？"他回答说："我对测量这活挺感兴趣，不怕吃苦。"他觉得，做人要像给仪器调水平一样，这是基础，要端端正正；做事要像校准仪器一样，这是准绳，要经得住考验。真诚地释放自己对测量的喜爱和执着，以严谨和自律的态度对待每一次任务，就是用心呵护师父在他心里埋下的那颗"匠心"种子。

如今，陈兆海也当上了师父，他将这份"工匠精神"传承了下去。他的几个徒弟也都比较争气：2014 年，徒弟张强荣获中国交建技术能手称号；2018 年，徒弟金广鑫等 4 人荣获中华全国总工会京津冀协同发展一体化建设职工职业技能大赛工程测量比赛团体第二名，徒弟管仲春荣获中华全国总工会京津冀协同发展一体化建设职工职业技能大赛工程测量比赛二等奖、中交集团测量技能大赛单项二等奖、"一航工匠"称号；2021 年，徒弟管仲春荣获全国交通技术能手荣誉称号、大连市五一劳动奖章。陈兆海想，这份匠心传承也将会经久不衰，他们都将继续坚持，用更扎实的工作实践、更饱满的创优热情为企业做好该干的每一件事。

"多年前，我没想到自己会在'夏天一身汗、冬天两头寒'这个工程测量岗位上干半辈子；现如今，水利工程测量工具从测深杆、测深锤升级到回声测深仪，从单波束发展到多波束，从点状、线状测深发展到带状测深，我还在这个岗位上。现在，越是投入其中，

139

越会觉得那些点和线融入进我的生命。一个个精美工程的落成，让我丈量出的上百万个数据有了意义……"回顾自己的职业生涯，陈兆海感慨地说。

他就是这样的人，朴素的工装、矫健的步伐，但他坚毅的目光像苍茫大海中那滴晶莹的水滴，将光折射出五彩的光芒。成长的过程是积淀的过程，几十年的摸爬滚打，几十年的日月映辉，几十年的坚守执着，如今，他已经成长为中交一航局第三工程有限公司的技能专家。

2023年11月1日至4日，全国行业职业技能竞赛——第十四届全国交通运输行业桥隧工职业技能大赛全国总决赛在贵阳拉开序幕。大赛在开幕前夕，邀请陈兆海为参赛选手就如何做好一名成功的技能工匠进行经验分享交流。活动现场，他毫无保留地将自己多年的工作体验与大家分享。"凡事预则立、不预则废"，这是他对自己的鞭策。他语重心长地说，想要有持久而稳定的"职场力"，必须遵守"一专、多能、零缺陷"这三个基本原则，扬长避短，未雨绸缪，规避风险，将自己所能预见的未来规划到极致，在过程中及时复盘，强化执行。同时，他鼓励大家，要善于从书本中学习，始终保持良好的学习习惯，取长补短，学以致用，力争超越；还要不断掌握新知识、新技术、新工艺，练就一双慧眼和一双巧手，打造极致的匠人匠心。

对于这样的交流会，他每次都用自己的心得传递一种能量、传递一种信念、传递一种精神，鼓舞更多的年轻人在工业领域不断奋进，成为栋梁。他乐此不疲。

　　法国作家雨果有一句名言："世界上最宽阔的东西是海洋，比海洋更宽阔的是天空，比天空更宽阔的是人的胸怀。"这让我不自觉地想起这位"大国工匠"——陈兆海，他与一航局无数个挽起手臂的一航人，在湛蓝的天空、深邃的海洋和险峻的高峰面前勇往直前，创造了中国甚至是世界的无数个"第一"，站在新时代的潮头，迎风破浪千帆尽，绘就蓝天万里行。他们用辛勤续写一航荣耀，用激情铸造一航辉煌，在加速度的奔跑中，前行。

成卫东

| 开 篇 语 |

　　我从学徒成长为全国劳模、大国工匠，要感谢的是这个最好的时代。是党和国家为我们搭建了成长成才的舞台，让我们能够不断学习、不断进步，也让我们在迈向制造强国的进程中信心十足。作为新时代的产业工人，我感到无比骄傲和自豪。

成卫东

| 人 物 简 介 |

　　成卫东，男，1979年7月生，中共党员，高级技师，高级工程师，现任天津港第一港埠有限公司拖头队副队长。享受国务院政府特殊津贴，曾获得全国劳动模范、全国技术能手、全国交通运输行业文明职工标兵、天津市优秀共产党员、首届"海河工匠"、最美港航人等荣誉称号，2022年被评为"大国工匠"年度人物、感动交通十大年度人物、天津楷模。2023年当选第十四届全国人大代表。

入党誓词

"乘风破浪风帆劲 领跑时代做新人"

开学典礼

2023——20__学年第一学期

▶ 港口智慧变革的"弄潮儿"

——记天津港第一港埠有限公司拖头队副队长成卫东

　　海浪的声音如同大海的呼吸，时而轻柔细腻，时而狂野奔放；一排排桥式起重机往复装卸货物时钢铁碰撞的声响此起彼伏；看着车辆载着五颜六色的集装箱来往穿梭，走在天津港码头上的成卫东总感觉那是流淌的七彩音符……天津港的码头，每天都在奏响一曲恢宏激昂的交响乐。乐章里，有中国经济的强劲脉动，有这座城市的活力勃发，有这座世界级大港的奋进英姿，也有自己在平凡岗位上奋斗的回响。

　　因为，没有谁能想到，当年那个稚气未脱的学徒工，在天津港码头，历经二十余年的磨砺，一步一个坚实脚印，当选"全国技术能手"，荣获"全国劳动模范"，成为"大国工匠"。

一、梦想成真

成卫东出生于 1979 年，正值党的十一届三中全会召开以后，改革开放的春风吹遍神州大地。

他的父亲是一位勤劳朴实的天津港工人。在成卫东的记忆中，家离港区码头很近，仿佛港区的繁忙与喧嚣就是他们生活的一部分。

儿时的成卫东，每天看着港区一辆辆大货车穿梭不息，一列列火车轰鸣着进进出出，一艘艘钢铁怪兽般的巨轮来来往往，将世界各地的商品引入中国，把中国制造输送到全球各处，也带来了天津港的繁荣与希望。这些景象，如同种子一般，深深地扎根在他的心中，让他萌生了和父亲并肩工作的梦想。

每当父亲下班回家，成卫东总是迫不及待地缠在父亲身边，听他讲述在港区工作的点点滴滴，讲述天津港的建港历史。在父亲的讲述中，他慢慢长大，对天津港的了解也越来越多。一提到工作，父亲就滔滔不绝，经常说的一句话就是："咱们重新开港的时候一年才干 70 多万吨，现在几天就干完了！还是咱们工人阶级有力量！"这句话深深地印在了成卫东心里，让他对港口工人空前地敬仰。他最喜欢听父亲唱的样板戏《海港》："大吊车，真厉害，成吨的钢铁它轻轻地一抓就起来……"一听到父亲说，一台吊车胜过 100 名装卸工人的时候，他不由对港口机械生出膜拜之情，几岁的他就立志成为一名港口机械司机。

天津港是在历代党和国家领导人的亲切关怀下，从昔日一个破

败不堪、航道淤积、码头千疮百孔的人工小港发展起来的。新中国
成立伊始，国家百废待兴、百业待举。当家作主的天津港人白手起
家，仅用一年多时间便圆满完成了第一期建港工程，使几乎淤死的
港口重新焕发生机，并于 1952 年 10 月 17 日重新开港。天津港重
新开港仅一周后，国家主席毛泽东来此视察，留下了"我们还要在
全国建设更大、更多、更好的港口"的历史回音。开港初期，没有
大型机械和先进工具，天津港人凭借"手钩、垫肩、破棉袄"三宗宝，
硬是靠人拉肩扛换来了 1952 年 74 万吨吞吐量的骄人成绩。1959 年，
国家在经历了三年严重困难时期、物资供应极度匮乏的情况下，开
始了天津港第二期港口扩建工程。至 1966 年，全港新建万吨级以

上泊位 5 个，吞吐量一举突破 500 万吨，结束了天津港不能全天候接卸万吨巨轮的历史。20 世纪 70 年代初，为了解决全国性的压船压港严重的局面，国务院总理周恩来发出"三年改变港口面貌"的号召，天津港第三期大规模扩建工程拉开帷幕。1974 年，天津港货物吞吐量首次突破 1000 万吨，硬是在一片盐碱荒滩上建起了中国第一大人工港。

直到今天，每次回想起天津港这段发展历史，成卫东依旧心潮澎湃。他说，那个年代非常艰苦，父辈们手拉肩扛，不仅创造出天津港无数的奇迹和辉煌，更为宝贵的是，党和国家领导人的亲切关怀和父辈们留下的为国分忧、无私奉献、艰苦奋斗的文化精神，成为激励天津港人不断前行的强大精神动力。

天津港实现跨越式发展，是从 20 世纪 80 年代开始的。1984 年 6 月 1 日，经党中央、国务院批准，天津港在全国港口中率先实行"双重领导、地方为主"的管理体制和"以港养港、以收抵支"的财政政策，揭开了新中国港口史上新的一页，成为我国港口体制改革和扩大开放的先行地。1986 年 8 月 21 日，邓小平同志视察天津港时看到这里发生的巨大变化，高兴地讲："人还是这些人，地还是这块地，一改革，效益就上来了。"那年，成卫东 7 岁。

从那时起，天津港敢为天下先，在全国沿海港口中较早树立"市场"意识，确立以市场为导向的发展思路，冲破计划经济体制束缚，率先进行市场取向改革，先后开创出沿海港口中的数个"第一"：兴建了我国第一家商业保税仓库，开创了我国港口保税贸易业务发展的新模式；合资成立了国内首家中外合营码头公司，开创了国有码头与外商合资合作经营的先河；率先进行港口企业股份制改造，"津港储运"成为全国港口第一家上市公司；开通了我国第一个港口电子数据交换（EDI）中心，加快了我国港口信息化发展的进程……

在天津港迈入发展快车道之际，1998年9月，以优异成绩从天津港水运技校毕业的成卫东梦想成真，来到天津港第一港埠有限公司，成为一名光荣的港口拖车司机。那年，他19岁。

还记得到单位报到的前一天晚上，他激动得翻来覆去怎么也睡不着，就找父亲聊了起来。"到了单位，我怎么称呼同事们呢？""当然叫师傅，不管是谁，肯定比你懂得多，你一定要尊敬师傅，好好和他们学。"这时候父亲还不放心，叮嘱道："在单位一定不能偷懒，不管干什么事都要把它干好，不能让别人戳我脊梁骨。"父亲的话，成卫东一字不落，深深地记在心底。

穿着崭新的工装，站在港区的码头，眺望着波光粼粼的海面，成卫东浑身充满了塔吊般的力量，心中洋溢着激动和自豪。这里，是他实现梦想的舞台。

二、天津港的"拖车王"

成卫东刚参加工作的时候，开的拖车是意大利造的。老式的拖车驾驶室里根本没有任何内饰可言，里里外外都是铁皮。夏天，车里就像蒸笼，一个班次下来，身上的衣服都湿透了；冬天，驾驶室里四处漏风，脚都冻木了。当时，一起来的同事们都纷纷打

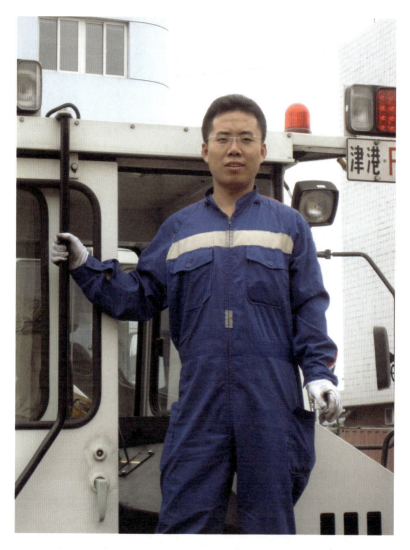

成卫东在拖头队停车区完成公司重点货类接卸后回队

起退堂鼓，想方设法调到别的岗位去了。成卫东也觉得这份工作确实太苦了。

在他思想出现动摇的时候，他的师父马国元找到他，委婉地对他说："你们现在真是幸福啊！开着这么好的车。想当年我当学徒的时候，开的拖车哪有什么驾驶室啊！就是四根铁棍顶着一块苦布。你要好好珍惜啊！"师父虽然没有明说，但是话里的意思成卫东很清楚，也让他很惭愧。在天津港干了一辈子装卸工人的父亲知道了他的心思，也语重心长地对他说："怕吃苦，就很难在岗位上扎下根；扎不下根，就不会潜心钻研业务，一个不求上进的人即便换到更好的岗位又能有什么未来。"父亲的话在成卫东的心里回响了好几天。他清楚地记得，他小时候的天津港机械化程度低，工作环境更艰苦。自己现在遇到了一点困难，就要退缩，确实不应该，辜负了天津港老一代建设者们的期望。

"要么不干，要干我就要干出个样来。"成卫东暗暗下定决心。他要拼一把，并树立了自己的奋斗目标——学最好的技术、当最好的司机、做最好的员工。直到现在，成卫东始终把这句话当成人生的座右铭。

为了提高驾驶技能，成卫东虚心向老师傅们请教，经常利用休息时间磨炼车技，一些别人不乐意干的脏活、累活他总是抢在前头，毫无怨言。他深知，提高技能水平没有捷径可走，只有多学、多练、多干，才能熟能生巧。成卫东独具匠心，他经常细心观察每一名司机的操作风格，汲取他们的优点，再结合自身实际情况进行总结和提升。

熟悉他的人都知道，他善于思考，常常陷入忘我的境界。例如，他在用餐时会把饭碗视作拖车，用筷子模拟运行轨迹；在扫地时，则将扫帚比作拖车，仔细观察转弯角度，以期从中寻找到驾驶技巧的灵感。

为磨炼车技，成卫东还故意"难为自己"。他在拖车头的运行通道上设置一系列障碍物，如木格、木墩等，人为缩减通道的宽度，增加驾驶的难度，以寻求最短行车路径。

世上无难事，只怕有心人。通过不断练习，成卫东的驾驶技能突飞猛进。在 2004 年天津市港口行业职工职业技能大赛中，他一举夺得了拖车组的冠军。

谈及那次夺冠，队里的老师傅辛建平仍然历历在目。在比赛前夕，辛师傅关切地向成卫东询问："你的复习情况如何？有把握吗？"成卫东笑着，随即取出队员俗称的"小红本"——《内燃机械司机考试资料》给辛师傅看。由于他反复研读，整本资料已经被他翻阅得起了毛边，略显厚重。现在想来，辛师傅依旧感慨不已："就冲着这份勤奋与专注，成卫东脱颖而出、赢得桂冠并不偶然！"

夺冠后的成卫东没有满足现状，他将目光放在提高作业效率之上。成卫东说："我很幸运，刚参加工作便赶上了天津港高速发展、高质量发展的时期。我亲身经历并亲眼见证了天津港从冲击亿吨大港，到如今天津港货物吞吐量、集装箱吞吐量双双跃居全球港口前十强。在这个过程中，生产任务日益繁忙，但人还是这些人，机械

成卫东在码头现场苦研实践驾驶拖车本领

还是这些机械。我想，只有不断提高工作效率，深挖潜力，才能迎接更大的挑战。当时，我细心观察拖车作业特点，把握每一个细节，将提高作业效率作为自己的攻关课题。"

　　成卫东所操作的拖车，长度近20米，宽度近3米，体积庞大，操作难度相当高。特别是倒车环节，已成为制约拖车作业效率的关键因素。经过细心观察，成卫东发现，在正常驾驶过程中，使用右脚控制油门和刹车，驾驶员头部的转动角度最大仅为180度。然而，若改用左脚进行操作，驾驶员的身体就可以转过来，这时头部的转动角度可扩大至270度左右，从而大幅扩展了视野，有助于提高作业效率并确保行车安全。

当成卫东提出使用左脚驾驶的设想时，队友们纷纷摇头，都觉得这想法太疯狂，不亚于重新学习一遍开车，而且左右脚会互相干扰，简直是天方夜谭。毕竟，这与他们熟悉的驾驶方式相差十万八千里，得有多协调的四肢和反应能力啊！但成卫东有一股"倔劲儿"，认准的事，毫不犹豫去完成。尽管高强度的训练已使他的双脚肿胀不堪，膝盖也受到了损伤，但他从未想过放弃。这些磨难，反倒像火一样点燃了他的斗志，让他越挫越勇。终于，在经过长时间的艰苦训练后，成卫东练就了左右脚都能娴熟驾驶拖车的绝活，倒车作业的效率直线上升，至今无人能够超越他的成就。

一天吃过午饭，成卫东蹲在场内安全区看同事拖货，脑子里突然冒出一个想法："如果给每个操作步骤制定标准，不就能使拖车利用率和生产效率大幅提升了吗？"

经过千百次的试验，成卫东把拖车操作的一个简单循环步骤，分解成 40 多个动作要素，比如每挂一次挡、每踩一脚油门、每回一下头，等等，一个要素一个要素地逐个研究。通过不断摸索，总结出"快""准""稳"工作法和一套班组成员集体操作法。与原来的工作方法相比，工作效率提高了 16.7%。

"一套熟练精准的动作，就能让一趟活儿节省十几分钟的时间，一个班次下来能多拉几百吨活儿，让效益增加几万元。"成卫东后来和他的队友们分享经验说。

就是凭借着这"一个熟练精准的动作"，成卫东在年轻群体中迅速崭露头角。在 2006 年天津港第二届"孔祥瑞杯"职业技能大赛中，他再次获得第一名，不仅赢得了集团内部专业人士的认可，更成为当年天津港最年轻的高级技师。在 2008 年第三届大赛中，他凭借着扎实的理论功底、精湛的操作技艺、丰富的实践经验，以理论考试、现场答辩、实际操作三项考核第一再次蝉联冠军，实至名归地成了天津港的"拖车王"。

2023 年 3 月 1 日一大早，成卫东当选"大国工匠"的消息传遍了百里港湾，大家纷纷回味着前一晚央视直播 2022 年"大国工匠"年度人物颁奖的盛况。天津港一公司"成卫东劳模创新工作室"热闹非常。看到成卫东与全国各个行业的技术精英一同站在产业工人的最高领奖台上，大家的自豪溢于言表。

"卫东能站在这个领奖台上，确实不容易。"回顾起成卫东的成长历程，队里的老师傅辛建平感慨不已。"在一批新徒弟里，就卫东最爱提问题，总是对师傅问这问那，对设备总爱动手捣鼓。当时我就觉得他是个有想法的年轻人。"

成卫东的徒弟王君说："天津港一公司拥有 15 个万吨级泊位，海岸线长达 3349 米，货场总面积达 126 万平方米，成师父对公司内部的交通状况，无论哪段路面不平、哪个路口易堵，或是哪个转弯有难度，师父都能迅速给出最佳的行车方案。只要有运输任务，他总能迅速规划出路况最佳、距离最短的行车路线。"

门吊司机老付赞叹道："从高高的门吊上看成卫东驾驶的车辆，行进流畅，毫无卡顿之感，其行车轨迹甚至带有一种独特的美感。"

截至 2023 年，在过去的 25 年里，成卫东驾驶着拖车，在码头与货场之间往返穿梭，累计行驶了超过 30 万公里，这一距离相当于完成了 20 多次长征的路程。

三、练就"听音断病"的绝活

刚入行时，成卫东的随身背包里，常常放着几本有关拖车等机械设备构造与应用的书，一有空他就翻几页，只为更加了解这个成天打交道的"老伙计"。

为推进机械设备智能化升级，成卫东于 2005 年 3 月主动提出加入保养组锻炼。这一决定源于天津港机械设备更新换代快，他深感技校所学的知识不足以应对现实挑战。他先后操作过多种拖车，但有一次面对组员关于新型拖车部件功能的询问，他竟无法给出确切答案。这一尴尬经历让他意识到自己知识储备不足。因此，他下定决心加入保养组，以便深入了解新型拖车性能，提升维修技能。

修车的工作十分辛苦，夏天发动机热得就像一个火炉子，一天到晚衣服总是干了湿，湿了又干；冬天寒风凛凛，手冻得都裂出了口子。但是，为了学到更多的本领，成卫东经常跟着老师傅在拖车的上下里外钻来钻去，弄得全身都是油污，加班加点更是家常便饭。回到家里，那身上的机油味熏得他爱人直皱眉。刚开始，爱人埋怨他放着好好的班长不做，非得去又脏又累的地方工作。时间久了，看他对设备的痴迷劲儿又好气又好笑，也就"放任自流"了。

曾教过他的老师傅武兴中回忆道："从前维修环境不是很好，

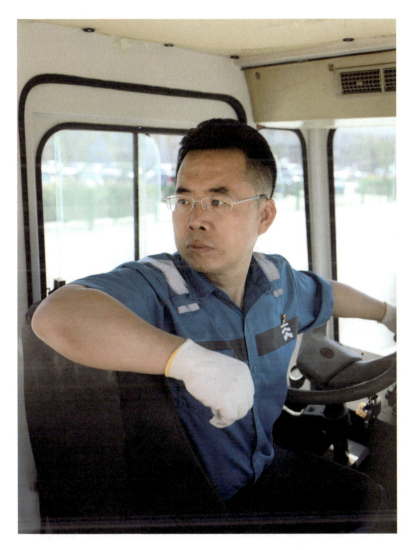

成卫东在码头货场上苦练左右脚都能熟练驾驶拖车的绝技

但卫东不叫苦、不叫累，杂活、累活他都抢着干。他随身会带个小本子，走到哪儿记到哪儿，本子上写得密密麻麻。"

正是这种对技术的执着追求和不懈努力，使成卫东在工作中取得了显著的进步和成就。这种成就感和自我价值的实现，为他带来了巨大的喜悦和满足，也让他对技改技革工作的热情与日俱增，仿佛被其深深吸引，无法自拔。

后来，公司成立了以他名字命名的"卫东团队"，围绕公司工艺技术革新改进，广泛开展创新实践活动。由他带领实施的"牵引车燃气系统供给装置"和"牵引车驾驶室防尘装置"等5项技术革新获得国家知识产权局实用新型专利授权；他先后带头开展了QYC80牵引车机油尺总成改造、哈工牵引车转向球销改进、备用轮胎存放架、轮胎分解装置等75项技改技革研发工作，为企业创造经济效益达506万元。

"这个实用新型专利，是成队想出来的点子。"天津港一公司员工杨凤玺指着牵引车驾驶室防尘装置说，过去牵引车作业时驾驶室经常尘土飞扬，不少员工被呛得喘不过气，但始终找不到解决方法。成卫东在大梁与水箱排风出口中间加了一个多功能的护板，有效地阻断了气流与灰尘的直接接触，从而巧妙地解决了这一问题。

"成队长观察视角独特，总能抓住别人抓不住的点，想出别人想不出来的好点子，是厂里的'点子大王'。"杨凤玺说。

谈及技改技革，成卫东介绍说："当时，随着天津港的不断发展和壮大，提升内部潜力和生产作业效率，降低生产运营成本，已

港口智慧变革的"弄潮儿" ◀
——记天津港第一港埠有限公司拖头队副队长成卫东

经成为迫切需要解决的重要问题。通过开展技术创新、技改技革等工作，不断提升机械设备的性能和效率，是一个非常有效、便捷的途径。对于同事们来说，只要大家愿意，每个人都可能成为各自岗位上的创新能手。"他还以天津港蓝领专家孔祥瑞的故事鼓励大家，"孔队长作为全国劳动模范、中华技能大奖获得者，他主持技术创新项目150余项，累计为企业创造效益上亿元。孔队长的事迹告诉我们，其实成才并不完全需要多么高的平台，平凡的岗位照样能出专家、出人才，照样能干出惊天动地的事业来。只有勤于思考、认真研究，将所学知识积极运用于实践，才能让自己的本职工作做得更出色，也一定会在自己的专业领域有所成就"。

"对设备研究，他真是入迷了。"天津港第一港埠有限公司辛师傅回忆，"当时还是普通司机的成卫东，不出车时，就爱到我所在的维修组，一边帮着我干活，一边研究设备原理。"有一次，天气炎热，口渴之际，琢磨得入神的成卫东错把油壶当茶杯，喝了一大口机油，呛得脸都变了色。这件事至今都是队里的一个笑谈。

锲而不舍，金石可镂。成卫东对于机械原理的深刻领悟和多年实践的积淀，使他练就了一项维修设备的绝活——"听音断病"。凭借对发动机、机器运行等声音变化的敏锐感知和分析，他能够迅速准确地诊断出故障拖头的具体问题所在。他行走在码头货场上，凭借着对每一台设备性能细致入微的了解和对每一名司机驾驶习惯的熟悉，头也不用回，他就能清楚辨别后方驶来的是哪辆拖车，是谁在驾驶。

而进一步让成卫东和同事们大显身手的阵地当属"成卫东劳模

创新工作室"。

　　曾亲临"天津港工业游"的游客们想必记忆犹新，由天津港集团、天津市交通集团和天津市旅游集团联手推出的工业游专线，其中的压轴之站便是"成卫东劳模创新工作室"。这条"天津港工业游"线路，不仅成为展现天津港口经济蓬勃发展的一幅生动画卷，更是新时代劳模精神的绝佳讲述者。

　　天津港第一港埠有限公司"成卫东劳模创新工作室"创建于2015年7月，主要负责公司整体的技术创新工作，成卫东担任负责人。工作室占地面积近500平方米，由办公室、会议室、图书室、

成卫东（右一）在"成卫东劳模创新工作室" 为徒弟传授技艺

实训基地、众智空间、成果转化展示中心、员工休闲共享空间等部分构成。工作室内不仅有各类模型、器具数十件，还有"3D打印机""内窥镜仪""可编程逻辑控制器（PLC）及变频器故障模拟设备""演示交互屏幕"等先进实训设备，这让成卫东和他的团队工作起来更加得心应手。每年，团队成员为全体员工举办技能培训60余次，举行业务座谈、技术切磋和竞赛活动近百次。

工作室的墙上悬挂着一幅习近平总书记视察天津港的照片，成卫东激动地介绍："2019年的1月17日，是令天津港人铭记的一天。习近平总书记来到天津港，作出了要志在万里，努力打造世界一流的智慧港口、绿色港口，更好地服务京津冀协同发展和共建'一带一路'的重要指示，让我们信心十足，激动不已。作为一名技术能手和新时代港口产业工人，我们的事业天地广阔，我们必须掌握更多的知识和技能，才能肩负起港口发展的职责和重担。"

近年来，面对智慧港口建设步伐加快，更多更好的新设备陆续投入使用，为了帮助职工们成为这些先进设备的驾驭者、维护者，在集团公司各级领导的大力支持下，"成卫东劳模创新工作室"当仁不让地扛起重任。劳模创新工作室以打造"一流的创新创效基地、一流的技术传承基地、一流的人才培养基地"为宗旨，充分发挥工作室在技能教学、技术攻关、课题研究、人才培养等方面的示范引领作用，为公司全面深化改革、助力企业发展提供了全方位的智力支持和技术保障。在成卫东的带领下，团队成员积

成卫东（右一）在"成卫东劳模创新工作室"为徒弟们讲解 PLC 模拟器工作原理

极投身于技术创新，成功研发了国内首个"散粮全自动取样设备"等 200 余项技术革新成果，累计创造经济效益超过 6000 万元，其中 40 余项技术革新项目荣获国家实用新型专利，为公司的技术进步和创新发展作出了突出贡献。

四、给机器人当"师父"

2021 年 10 月 17 日，全球首个"智慧零碳"码头——天津港北疆港区 C 段智能化集装箱码头正式投产运营，吸引了全世界的目光。其中，智能水平运输机器人成为众人注目的焦点。成卫东也接到了一项特殊的任务，就是给机器人当"师父"，当好人工智能的"训练师"。

天津港隆重举行了人工智能（AI）训练师的聘任仪式。在仪

——记天津港第一港埠有限公司拖头队副队长成卫东

式上，成卫东激动地接受了集团公司的聘任，并作为代表做了发言。他深知，能够站在这个舞台上，离不开集团公司长期以来对科技创新的重视、对人才的尊重，以及对"双一流"建设的投入与努力。

在第二集装箱公司技术部，人工智能训练师成卫东的工作得到广泛的认可，这里的"技术咖"们也为"大国工匠"的风采振奋不已。技术部负责人陈培表示："对机器人进行'编程'需要大量数据，而这些数据恰恰来源于成队这样的高技能人才的宝贵经验。经过成队的'倾囊相授'，我们获得了拖车过坡过坎的车速、机械设备运行中的通病等一系列难得的数据和经验，为程序员编写指令、机器人简单快速执行明确了目标和方向。2022 年，经过我们的共同努力，76 台人工智能运输机器人（ART）行驶总里程超过 44 万公里，单车故障率下降 80% 以上。"

有人问成卫东，将技术都传授给机器人是否会引发职业危机感。对此，成卫东给出了否定的答复："能够成为人工智能的'师父'，是值得骄傲和尊重的变革与挑战。"他进一步解释，从历史的角度来看，每一次技术的革新和变革都推动了人类文明的进步。以天津港为例，改革开放后，随着国家经济的恢复和发展，进出口贸易量显著增加，天津港面临严重的船舶积压问题。然而，通过引入先进的机械设备，逐步取代了传统的人力作业方式，不仅极大地提高了作业效率，还使得老一辈的装卸工人从繁重的体力劳动中解脱出来。

如今，天津港正积极拥抱智慧化变革，在全球首个"智慧零碳"码头，几个人操控的智能系统，就能轻松指挥上百台无人驾驶机械设备作业，使港口作业模式发生翻天覆地的变化。

这种变革对传统机械司机提出了新的挑战。他们不仅需要熟练掌握驾驶技能，更需保持一颗永不停歇的学习之心，不断汲取新知识，掌握新技术。成卫东对此充满信心，他坚信天津港的技术团队继承了善于学习、勇于创新的优良传统。他们正站在智慧变革的潮头，致力于成为世界顶尖智慧港口的建设者、尖端技术的探索者，以及先进机械设备的驾驭者。

提起他的新"徒弟"，成卫东一脸幸福地笑："这个'徒弟'啊，外形和我开的拖车差不多。可以说是'智慧零碳'码头众多高科技的集中体现，现在它能够自动驾驶、实现厘米级精准定位，以氢能和绿电为动力，不知疲倦地全天候作业。但在项目初期，这个'徒弟'却完全是个'新手小白'，他就像婴儿刚开始学走路一样，小心翼翼、行动缓慢，特别是什么时候该刹车、什么时候该变道，就容易'蒙圈'。这个时候，作为有二十多年经验的老司机，我的'操作法'有了用武之地。"

为了推动人工智能像"人"一样思考，成卫东带领研究团队一起进行算法研发，把多年来总结的四十多个动作要素"翻译"成逻辑算法，写成一行行代码、一道道指令编入程序，重点解决智能水平运输机器人在作业中自动充电、自动避让、自动停靠等棘手问题。为检验算法指令和人工驾驶的区别，进一步提升稳定性

成卫东在"全球首个智慧零碳码头"给机器人"徒弟"们当"师父"

和运行效率，成卫东又重操老本行，上车实际驾驶，模拟不同的工况场景。在此基础上进一步分析可能出现的驾驶问题，哪里该减速观望、哪里该加速行驶，什么时候该变道、要选择什么样的路线，由系统一一记录。通过数据的比对，成卫东和研究团队不断优化运行逻辑、迭代算法，使机器人的运行效率得到改进和提升。特别是通过建立路口多车通行的原则，设定通行优先级，解决系统运行中路口多车交会这一关键性问题。凭借丰富的行业经验，成卫东进一步提出通过系统指令辨别机器人状态，适当提升空载加速度和减速度的建议。按照此建议，空载状态下机器人的加、减速度进一步提升 33% 和 60%。这些创新性的成果，解决了港口自动化作业中多项棘手难题，为人工智能技术在智能运输领域的应用奠定了坚实基础。

现在，这些机器人"徒弟"们依靠着第五代移动通信技术（5G）、北斗卫星导航系统等自主技术，已经实现了超 L4 级的无人驾驶，在全世界都首屈一指。经验技能和智慧科技深度融合，让成卫东又找到了一条科技创新发展的新路子，他也因此成为全国港口行业首批"AI 训练师"。

作为全球首个"智慧零碳"码头，天津港北疆港区 C 段智能化集装箱码头上，自动化轨道桥和岸桥涂装成绚丽七彩、智能水平运输机器人有序穿梭、"大风车"缓缓转动，作业现场不见人，却呈现出一派繁忙景象。

成卫东站在码头上对着记者如数家珍。

港口智慧变革的"弄潮儿"
——记天津港第一港埠有限公司拖头队副队长成卫东

　　"智慧零碳"码头开创多项"中国智慧"应用，实现76项发明创新和破解13项世界级难题，推动集装箱码头技术升级。广泛应用5G、北斗、人工智能，实现水平布局自动化集装箱码头全流程自动化作业。通过先进工艺设计、技术应用和设备配置，减少投资30%，建设用时仅21个月，创造"中国速度"。核心工艺适用于全球码头改造和新建。运营效果显示，人员减少60%，作业环节减少50%，效率达39自然箱/小时，实现绿电自给自足和全程零碳排放。同时推动岸电使用，实现全覆盖和自有船舶、来港船舶100%使用岸电。

昼夜连续工作在码头现场

"智慧零碳"码头以显著优势，为世界集装箱码头智能化升级和低碳发展提供了最优的"中国方案"，引领世界集装箱码头发展进入新境界。

亲历港口发展变迁，站在"新老"交叉点，成卫东有了新的梦想。他说，未来不仅要培养更多"智能教练"，也要将"新经验"复制应用到更多场景，尤其要发挥更多岗位上劳模、工匠的作用，把技术经验更多应用到智能设备上，比如带动传统岸桥、场桥司机向智能化、自动化设备的司机转型，努力让这些先进的无人化智能设备在天津港智慧港口建设中发挥更大效能，为服务京津冀协同发展和共建"一带一路"贡献力量。

这跨越式的发展进步，让老一辈港口工人感慨不已。从手拉肩扛到设备普及，从有人操作到不可想象的无人驾驶，在赞许成卫东这些后辈们的同时，他们也深深感受到，是这个伟大的时代激发起各行各业创新创造的蓬勃活力！

五、锤炼技术"铁军"

"一个人能力再强，也是有限的，大家都行才是真的行。"在多年的工作积累中，成卫东越来越认识到发挥集体力量的重要性。一支高素质、高技能的员工队伍，是天津港未来发展的保障。作为一名模范先进代表，他认为不仅要自己成为技术的尖兵，还要带动大家争当技术的能手。他把自己的全部本领，毫无保留地传授给身边的同事们。他提出的"个人要成为知识型员工，班组要成为学习

港口智慧变革的"弄潮儿" ◀
——记天津港第一港埠有限公司拖头队副队长成卫东

型团队"的建议，已成为广大员工的共识。

　　他以"成卫东劳模创新工作室"为平台，从工作实务出发，精心设计了技术讲座、导师带徒、现场指导、岗位练兵、技能比武工作等，有效提高了员工们的业务理论和技能水平，带动形成了比、学、赶、帮、超的良好氛围。他们坚持每周开展一次小课堂活动，每月开展一次考核，每季度进行一次练兵比武活动。现在每位员工都能熟练驾驶公司各个型号的拖车，专业知识和维修技能也在不断提升，工作中更加得心应手。每年他都要为全体员工开展技能培训60余次，开展座谈研讨、技术比武竞赛活动近40次，培训出200多名技术人才。他带领团队成员编写的集团公司内燃、起重等多个工种装卸机械《职业技能认定考核要点》，为一线员工职业等级提

成卫东在公司机械系统技术大比武中担任总裁判长

成卫东（右一）在"成卫东劳模创新工作室"为徒弟们宣讲"三个精神"

升提供了标准和依据。他总结出的"三必知""三必谈""五嘱咐"的安全工作方法正深入推行，确保车队实现连续 3500 天安全质量无事故。他勇于创新竞进，彰显"匠心"智造，带领团队成员开展"牵引车驾驶室防尘装置"等 200 余项技术创新，为企业创造经济效益 6000 余万元。

成卫东还创新性地将竞技性与趣味性相结合，特别设计了拖车"倒车打靶"技术比武活动。他参照射箭运动的原理，制作了三个高度不同的靶盘，用以模拟不同难度的操作环境。在拖车的尾部，他巧妙地焊接了一根铁管，作为"箭"的替代品。在倒车过程中，司机需用这根"箭"去碰触不同高度的靶盘，以获得的环数来评判操作的精准度。这项比武活动的实施，不仅显著提升了全组司机的技术操作水平，更磨炼出他们"指哪打哪"的精湛技艺。

如今，拖车"倒车打靶"已成为拖头队的一项传统比武项目，2023 年已经是第十八届了，技能比武的形式发生了重大变化。已经由过去的"倒车打靶"，演变成了现在的"倒板打靶"，钢管由过去焊接在拖车尾部，改为焊接在拖板尾部，也就是说司机距离靶盘的距离由过去的 7 米增加至现在的近 20 米，而且要绕过很多障碍物之后，90 度角倒车入库，再把拖板尾端的钢管打入只有 15 厘米直径的小铁圈之内。虽然难度非常大，但是进一步激发了员工们挑战极限、追求卓越的工作热情。

"今年的'倒车打靶'技能比武，我们又增加了更多新的元素，更加贴合实际生产作业情况，更加的'难为'考生们。我们把易拉罐可乐瓶三个一组叠放摆在拖板上，司机在比武的过程中刹车稍微踩重一点，可乐瓶就会倒，这就要求司机操作过程中要进一步提升稳定性，这样在实际工作中才能保证运输货物的安全。除此以外，为了进一步做到好中选优，我们还规定了在比武过程中的刹车次数，要求选手们操作更加精准，运行更加流畅。"成卫东说。

技能"铁军"，苦练而成。在成卫东的精心培养下，员工中涌现出了一批技术精湛、业务过硬的"王牌"技术骨干，如"倒车王""安全王""高产王"等。他的徒弟们在 2018 年、2020 年、2022 年连续三届包揽了"孔祥瑞杯"职业技能大赛拖车组前六名；在天津市第一届"海河工匠杯"职业技能大赛港口拖车组竞赛项目中包揽前六名；劳模创新工作室培养出的员工连续夺得大赛吊车、叉车、维修等多个工种的冠军，20 余人次获奖。

"我能取得今天的成绩，大部分都是成队的功劳。"连续两届荣获天津港集团"孔祥瑞杯"技能大赛拖车组冠军的于文欣说。于文欣入职时，20 岁出头，刚开始开车啥技术也不懂，是跟着成卫东一起学技术、练本领，如今的他不但技术娴熟，还当上了班长。

"为了锻炼队伍，师父还藏有'小心机'呢。"说起自己的师父，成卫东的徒弟王君有话说："那是在技术比武练习时，师父把拖车运行通道的尺寸动了手脚。集团比赛规定是 3.8 米，但他悄悄缩短为 3.6 米。别着这小小的 0.2 米，这让我们的操作难度陡增，可师

成卫东（左二）在"成卫东劳模创新工作室"和徒弟们一起学习

父就是坚持让我们这样练，直到后来，我们才理解……"

那年，不仅王君没有辜负师父的期望，夺得"孔祥瑞杯"职业技能大赛拖车组一等奖，成卫东的其他徒弟也都取得了不错的成绩。

近年来，随着智慧港口建设的不断深入，作为高技能人才，成卫东带领团队向着新的目标再攀登——积极投身天津港智慧化升级改造项目中。

对此，队里的骨干杨凤玺深有体会。"'勤学习，懂技术，会创新'，这是成队说过的让我印象最深的一句话。记得成队长带我们去C段智能化集装箱码头交流时，当看到一个人能同时远程操控好几台机械设备时，真是大开眼界。以前总以为产业升级、科技迭代离我们很远，但亲眼所见后，让我们切实增加了紧迫感。"

"成队长告诉我们，每一次变革都会带来更大的机遇与挑战，技术的应用与发展永远不会停止，更不可能逆转。想要在未来的路上走得更远更好，必须始终保持学习、勤于思考、不断实践，总结提炼，这样才能驾驭更尖端的科技成果。"青年工人孙学伟认真地说。

面对徒弟们的卓越成绩和青年员工的快速成长，成卫东感到无比激动和自豪。他深知，这不仅是徒弟们个人努力的成果，更是自己作为师父辛勤付出的最好回报。作为新时代的产业工人，成卫东说："我们有知识，有技能，才能让我们工人更有力量！"

六、荣誉与责任

一名普通的码头工人，因为追求卓越的奋斗，可以让人生不断升华到什么样的境界？成卫东，就是最好的答案。

2023 年 2 月 28 日晚，由中华全国总工会、中央广播电视总台联合举办的 2022 年"大国工匠年度人物"重磅揭晓，成卫东喜获殊荣。守候在电视机前的家人们激动之余，更多的是欣慰。他们更清楚这份荣誉背后，凝聚了成卫东无数的汗水和付出。

对于家人，成卫东一直深感愧疚——对家庭缺失了太多的陪伴。他每天早出晚归，家庭的所有重任，爱人主动承担了起来。男儿有泪不轻弹。还记得在孩子上幼儿园期间，唯一一次接孩子放学，因为老师从来没有见过他，需要让孩子出来指认的时候，成卫东眼眶红了；当他发现母亲生病，怕影响他的工作，一直忍着不说的时候，他的眼眶红了。但是当单位需要他的时候，不论白天黑夜，他二话不说，总是第一时间到达。

翻开成卫东的"荣誉簿"，全国劳动模范、中国质量工匠、全国技术能手、全国最美青工、全国青年岗位能手、全国交通运输系统劳动模范、最美港航人、天津市劳动模范、天津市优秀共产党员、天津市第三届敬业奉献道德模范、天津市首届海河工匠、天津市第五届工人发明家、天津楷模、第十四届全国人大代表……他的荣誉犹如一颗颗璀璨的星星，照亮了奋斗之路。

2023 年 3 月 12 日上午，十四届全国人大一次会议在人民大会

2023 年 3 月 12 日，成卫东在全国两会代表通道回答记者提问

堂举行第五次全体会议。会前，第三场代表通道，也是两会最后一场代表通道开启。

　　成卫东身着工装亮相代表通道，虽然他的内心无比紧张、特别激动，但是他黝黑的面庞、结实的身板、闪亮的眼眸、满面的笑容中透出他对工作的热忱，底气十足地回答了记者的提问，给人们留下了心中有梦想、脸上有自信、手上有技术、脚下有方向的深刻印象，展现出新时代港口产业工人应有的风貌。

在代表通道上成卫东掷地有声地表示："港口是经济的晴雨表，全球前十大港口中，有八个在中国，我们在港口能力、效率、自动化等诸多领域都领跑全球。党和国家为我们搭建展示自己才华的舞台，让我们能够不断学习、不断进步，也让我们在迈向制造强国的进程中信心十足。……作为新时代的产业工人，我感到骄傲和自豪，也感到身上的一份责任。中国式现代化离不开产业工人的现代化。作为新时代的港口产业工人，我们将脚踏实地，用实际行动落实高质量发展要求，我们有信心把港口建设得更智慧、更绿色，把祖国建设得更加强大！"

2023年全国两会，首次当选为全国人大代表的成卫东，将他关于进一步加强新时代产业工人队伍建设、在构建技术创新体系中更好发挥基层产业工人作用等建议带到了人民大会堂。他说："作为一名来自基层一线的产业工人，能够作为全国人大代表共商国是，这是一份崇高的荣誉，更是一份厚重的责任。"

说起人大代表的光荣身份，成卫东是2013年首次当选为天津市第十六届人大代表，在2018年、2023年获得连任。履职人大代表的11年来，他始终秉承着"一日当代表，终生做表率"的宗旨，兢兢业业，担当作为。

在天津市人大常委会组织开展的各项会议活动中，成卫东参与了多项法规条例的审议工作，提出了许多科学合理的意见和建议，尤其是在审议《天津市推进北方国际航运枢纽建设条例（草案）》

中，结合本行业领域，提出了加快港产城融合发展，促进区域港口协同发展、推动构建世界级港口群的建议。大家由衷地说："成卫东代表真是为咱天津港、咱天津，办了件大好事、大实事！"

　　心中有党、心中有民、心中有责是他履职的奋斗指南。作为一名来自基层一线的人大代表，成卫东经常深入校园、社区、企业、科研院所、口岸部门等单位，梳理问题脉络，全力解决人民群众的急难愁盼。"老百姓们关心房前屋后的事，找我反映问题，我不可能不管，也必须一管到底。"

2023 年 3 月，成卫东在北京参加全国两会

　　为了更深入了解民情，成卫东经常与港口工人交流，倾听他们的心声，并主动告知自己的联系方式，确保能够随时为他们提供帮助。他还严格遵守"人大代表每周接待日"制度，积极收集并听取大家的意见和建议，特别是关于海港工人切身利益的问题，他都会及时向相关部门反映，确保工人的需求得到及时传达和满足。为了让其他工人多一些轮岗轮休机会，成卫东连续三年在元旦、春节等节日期间，主动请缨加入公司突击队，在船舶梯口值守，做好海侧疫情防控与应急处突工作，充分彰显了一名人大代表想在前、干在前的担当。

　　有一次在深入老旧小区征集群众意见时，一位家住新港大街小区的老大爷不经意地聊到有一次晚上下楼时差点摔倒，这句话引起成卫东的极大关注。他通过耐心细致地询问，了解到是因为楼道内没有公共照明导致的。随后几天里，成卫东从社区跑到街道办事处，了解老旧社区基本情况，又积极向有关部门反映实际问题，并提出切实可行的建议。经过他的不懈努力，区政府相关部门对此问题给予了高度重视，并最终顺利解决了老旧社区公共照明的问题。

　　值得称道的是，成卫东在 2023 年全国两会上提出的《关于加快推进京津冀组合港建设》的建议，得到了交通运输部的积极响应和推进。

　　在 2023 年，他进班组、进企业、进学校，几乎马不停蹄，结合个人感受和履职情况，在全国各地进行了 50 余次宣讲，将全国两会精神送到职工群众身边。

　　"职工在哪里，我的调研就要走到哪里。"成卫东说，他带到

港口智慧变革的"弄潮儿"

——记天津港第一港埠有限公司拖头队副队长成卫东

成卫东在天津市新华南路小学进行开学第一课宣讲

2023年全国两会上的三个建议，都是从基层一线的走访调研中，从与职工们的交流中观察、思考和总结而来的。他认为，想提出好的建议，就需要真正地深入基层一线，和职工们做朋友、问心声，他们提出来的问题，很多都是产业和行业发展中的共性问题，应该大量地去倾听和搜集，形成高质量的建议，才能推动相关问题得到解决。

2024年全国两会，成卫东继续关注智慧港口、绿色港口的建设等问题，围绕京津冀世界级港口群建设，以及天津港如何更好地服务雄安新区便捷"出海"等方面提出了"推动京津冀区域港口一体化发展"等建议。他表示，要实现这个目标，需要一线工作者发挥聪明才智，学习新知识，掌握新技能，将颠覆性技术和前沿技术更好地应用到实际工作之中。

七、最本真的身份

4月的天津港，天空湛蓝如洗，海水碧绿如玉，船舶穿梭往来，车辆川流不息，货物堆积如山，旅客络绎不绝。在这繁忙而充满活力的场景中，奋斗新时代的热情与激情犹如春风扑面，让人心潮澎湃，跃跃欲试！

看着自己奋斗的这方热土，成卫东感慨不已："我从学徒成长为全国劳模、'大国工匠'、人大代表，要感谢的是这个最好的时代。是党和国家为我们搭建了成长成才的舞台，让我们能够不断学习、不断进步，也让我们在迈向制造强国的进程中信心十足。荣誉珍贵，那是我成长的见证。我也一直提醒着自己，我最本真的身份有两个，我是一名光荣的共产党员，也是一名光荣的产业工人。这两个身份，都令我终身自豪。"

说起对自己身份的感触，源于成卫东终生难忘的两个人生片段。

一次是参加 2022 年度"大国工匠年度人物"发布活动后，主办方安排当选的"大国工匠年度人物"在南京长江大桥合影。南京长江大桥是长江上第一座由中国自行设计和建造的双层式铁路、公路两用桥梁，是 20 世纪 60 年代中国经济建设的重要成就、中国桥梁建设的重要里程碑，素有"争气桥"之称。合影的背景里，巨大的桥墩上镌刻着毛泽东的一句话："我们的国家是工人阶级领导的、以工农联盟为基础的人民民主专政的社会主义国家。"站在这座新

中国建设的伟大成就之下，作为新时代的产业工人，刚刚荣获"大国工匠"荣誉的成卫东，感觉自己仿佛接受了一次隆重的精神洗礼。先辈们排除万难、艰苦奋斗建设的大桥像一座巍然屹立的丰碑，它所蕴含的自强不息的民族精神、精益求精的"大国工匠"精神，如滔滔江水，激励了一代又一代建设者为建设伟大祖国奋斗不息。

另一次是在 2015 年 4 月 28 日，成卫东作为全国劳动模范，参加在人民大会堂召开的庆祝"五一"国际劳动节暨表彰全国劳动模范和先进工作者表彰大会，亲耳聆听了习近平总书记的重要讲话。

"三百六十行，行行出状元。任何一名劳动者，要想在百舸争流、千帆竞发的洪流中勇立潮头，在不进则退、不强则弱的竞争中赢得

成卫东在研究拖车驾驶新型操作法

优势，在报效祖国、服务人民的人生中有所作为，就要孜孜不倦学习、勤勉奋发干事。一切劳动者，只要肯学肯干肯钻研，练就一身真本领，掌握一手好技术，就能立足岗位成长成才，就能在劳动中发现广阔的天地，在劳动中体现价值、展现风采、感受快乐。……"总书记的讲话铿锵有力，全场多次响起如潮的掌声，也让成卫东精神振奋，倍受鼓舞，更加坚定了干好工作报效祖国的信心和决心。

"26年的工作经历，让我深刻认识到，我们国家正从制造大国向制造强国转变，需要大量的一线优秀技能人才。正是因此，我给自己提要求，无论去哪里宣讲，都要亮一亮产业工人的身份，在讲述自己的故事时，一定要让大家听得懂、记得住、能传播，要让更多年轻人感受到国家对产业工人的重视，感受到作为工人的荣耀，鼓励他们立足平凡岗位，做到勤学习、懂技术、会创新，努力做先进机械设备的驾驭者、尖端科技实际应用的探索者、中国制造向中国创造迈进的实践者，为城市和国家的发展作出贡献。"成卫东的语气坚定而有力。

让他最开心的是，曾听到一位工友打电话婉拒了老乡让其跳槽的建议。这位工友说："我们成队长说了，产业工人发展空间非常大，只要大伙儿愿意扎根基层好好干，我们这行大有前途。"听到这话，成卫东心里甭提多高兴了，这就说明自己的宣讲没白干。

站在"七彩"的码头，成卫东说，红橙黄绿青蓝紫七种颜色，分别蕴含着枢纽、服务、安全、环保、效率、智慧、兴盛七种含义，那是我们天津港人奋斗的方向。这七种颜色，在他看来，犹如横跨中国与世界各大洲之间的彩虹，架起了一座座美丽的桥梁。也像是七弦琴，面向大海，奏响中国式现代化发展的强劲乐章。

后 记

在岁月的长河中，天津这座城市以其独特的魅力和文化底蕴，孕育了一代又一代的杰出工匠。他们以精湛的技艺、坚定的信念和不懈的追求，在各自的领域中创造出无数令人瞩目的成就，成为"大国工匠"的杰出代表。他们虽身处看似平凡的岗位，却用双手和智慧谱写着不平凡的时代篇章。为了让更多的人了解天津"大国工匠"的故事，感受他们的精神力量，天津市总工会决定编写一本书，记录他们的成长历程，传承他们的工匠精神。

在《天津·大国工匠成长故事》创作之初，适逢天津市职工作家培育工程推出首批入选名单。经过反复考量，天津市总工会研究室从中遴选出三位职工作家作为主创人员，以凸显作品的"工"字特色。为真实还原"大国工匠"的成长历程，职工作家团队多次深入企业、车间等生产一线进行采风，与"大国工匠"面对面交流，倾听他们的心声，了解他们的经历。同时，还走访了与之朝夕相处的家人和同事，查阅了大量的宣传报道资料，以确保书中的内容真实可信。

《天津·大国工匠成长故事》记录了五位"大国工匠"的许多感人故事和精彩瞬间，他们有的从学徒做起，凭借勤奋和毅力逐渐成长为行业翘楚；有的勇于创新，不断突破技术难关，推动行业向前发展；有的默默坚守在岗位上，用一生诠释着对工匠精神的追求和坚守。通过阅读，不仅让我们看到了这些"大国工匠"的辛勤付出和卓越成就，更让我们感受到了他们身上那种执着、坚韧，以及奉献精神。

《天津·大国工匠成长故事》的编纂和出版，不仅为了记述和传播工匠们的故事，更为了传承和弘扬工匠精神。在当今社会，我们需要更多的工匠人才来推动社会的发展和进步。希望通过本书的出版，能够让更多的人了解"大国工匠"的内心世界和精神追求，感受到他们身上所散发出的独特魅力和力量，更加深刻地领悟工匠精神的时代价值和现实意义，让工匠精神在全社会得到更加广泛的弘扬和传承。

最后，感谢所有为本书付出努力和贡献的人们。其中，朱春生、闫强、李晓楠（按姓氏笔画排序）三位职工作家辛勤创作，"蓝领专家"孔祥瑞同志应邀作序，"大国工匠"及其家人、同事倾力帮助。同时，感谢中共天津市委宣传部的指导和天津人民出版社的支持，以及中交一航局公司工会、中国海油渤海地区工会、天津航天长征火箭制造有限公司工会、天津港集团公司工会的鼎力相助。正是有了你们的支持和帮助，这本书才能够得以顺利完成并呈现给广大读者。

由于时间、水平有限，疏误之处在所难免，敬请广大读者批评指正。

天津市总工会

2025 年 1 月